100 Math Drills For 1st Grade Timed Test

Addition and Subtraction Problem Worksheets

Grade 1 Math Workbooks Addition and Subtraction

Volume 3

OLIVIA DAVIS

6 + 2	6 + 3	2 + 9	7 - 3	8 + 6	6 - 2	7 - 2	13 - 8	7 - 4
9 - 2	9 + 4	2 + 4	6 + 7	10 - 5	7 + 7	8 - 3	1 + 8	15 - 8
7 + 1	16 - 8	4 - 3	9 + 8	8 + 5	4 + 6	1 + 4	4 + 8	10 - 4
5 + 8	14 - 7	8 + 1	6 - 3	12 - 3	8 + 4	11 - 6	3 + 2	5 + 6
10 - 2	18 - 9	6 + 6	4 + 3	11 - 8	12 - 5	6 + 4	8 - 4	2 + 8
5 + 7	5 - 3	12 - 8	11 - 9	4 + 2	8 + 9	14 - 6	13 - 9	13 - 6
17 - 8	8 + 3	8 + 7	3 + 8	8 - 6	5 - 2	17 - 9	3 - 2	6 - 5
12 - 7	8 + 8	15 - 7	12 - 6	9 - 3	9 - 6	3 + 7	4 + 5	7 + 6
4 + 7	5 + 3	11 - 7	6 + 8	5 - 4	7 + 5	1 + 7	5 + 1	2 + 7

5 + 5	3 + 3	17 - 9	15 - 6	9 + 1	6 - 3	4 + 6	3 - 2	18 - 9
6 - 5	15 - 8	2 + 3	11 - 7	16 - 8	7 - 5	5 + 8	8 + 3	4 - 2
9 + 5	4 + 9	8 + 2	14 - 7	4 + 3	2 + 4	13 - 4	13 - 5	7 - 4
1 + 8	15 - 7	6 - 4	4 + 4	5 + 7	8 - 7	8 + 6	1 + 7	6 + 3
9 + 2	7 - 3	7 - 6	6 + 2	8 + 5	5 + 4	8 - 3	2 + 1	13 - 7
2 + 5	9 - 5	12 - 6	1 + 5	13 - 6	10 - 4	3 + 7	9 - 7	13 - 8
3 + 9	1 + 6	16 - 9	5 - 4	9 - 6	14 - 8	7 + 3	3 + 6	5 + 2
10 - 5	4 + 8	11 - 6	7 + 8	7 + 4	7 + 2	17 - 8	10 - 6	6 + 8
7 + 9	8 - 5	2 + 8	1 + 1	9 - 3	8 + 1	11 - 8	9 - 1	1 + 2

16 − 8	7 + 6	14 − 7	6 − 5	4 + 9	6 + 7	3 + 3	2 + 7	17 − 8
7 + 3	6 − 2	4 + 4	17 − 9	8 + 7	7 + 7	1 + 6	12 − 9	12 − 4
6 + 6	10 − 8	3 + 7	7 − 4	4 + 6	3 − 2	13 − 8	5 + 6	18 − 9
14 − 8	8 + 4	3 + 2	7 + 4	12 − 8	14 − 6	9 + 2	9 + 1	10 − 9
5 − 3	7 − 2	3 + 4	1 + 7	11 − 9	5 + 2	7 + 5	5 − 4	11 − 6
8 + 8	3 + 9	9 + 6	6 − 3	9 + 3	11 − 3	6 + 4	8 − 6	9 − 6
9 − 1	6 + 5	7 + 8	5 + 4	5 + 1	12 − 5	2 + 1	16 − 7	8 − 5
4 − 2	15 − 9	2 + 6	2 + 8	9 − 4	15 − 8	8 − 4	8 + 3	11 − 5
8 + 2	12 − 3	9 + 8	4 + 7	8 + 5	6 − 4	14 − 9	9 − 3	2 + 5

11 − 5	2 + 4	2 + 8	10 − 7	17 − 9	6 + 8	10 − 3	6 − 5	14 − 7
12 − 6	8 + 8	7 + 6	3 + 6	15 − 8	8 + 5	6 + 3	7 − 4	6 + 4
5 + 8	6 + 6	3 + 4	18 − 9	2 + 6	9 − 3	6 + 7	12 − 8	11 − 6
5 + 4	16 − 7	1 + 4	15 − 7	3 + 3	16 − 9	13 − 8	13 − 7	6 − 3
16 − 8	7 + 5	7 − 3	8 − 7	17 − 8	15 − 6	7 + 3	9 − 1	5 − 3
3 + 7	8 + 9	4 + 3	6 + 5	4 + 9	7 + 2	4 − 3	9 + 5	9 − 8
1 + 5	15 − 9	3 − 2	5 + 2	5 + 3	9 − 7	2 + 3	7 − 6	1 + 2
1 + 3	8 + 6	7 − 2	9 − 5	5 − 4	9 + 7	2 + 5	6 − 4	12 − 5
7 + 4	10 − 8	8 − 4	5 + 6	9 − 2	3 + 2	8 + 2	3 + 5	5 + 5

12 − 5	15 − 7	12 − 4	17 − 9	3 + 8	1 + 3	2 + 3	8 − 5	6 − 4
8 + 7	5 + 9	9 + 4	12 − 6	16 − 7	17 − 8	2 + 5	11 − 5	7 + 2
2 + 2	14 − 6	4 + 2	9 + 2	12 − 8	18 − 9	5 + 6	4 + 6	5 + 7
1 + 7	7 + 8	8 + 2	6 + 3	1 + 4	12 − 9	12 − 3	14 − 5	6 − 5
8 + 1	5 + 2	2 + 4	7 + 3	13 − 7	3 + 7	3 + 2	8 + 8	7 + 5
5 − 4	7 − 6	8 + 4	14 − 7	15 − 9	3 + 4	6 + 6	6 − 3	9 − 8
2 + 1	3 − 2	11 − 4	8 − 3	3 + 9	13 − 9	9 − 2	6 + 4	8 − 4
10 − 3	6 + 7	9 + 7	5 + 3	5 − 2	10 − 8	14 − 8	9 + 9	13 − 6
11 − 7	4 + 1	14 − 9	7 − 3	15 − 6	4 − 3	7 + 1	3 + 5	3 + 3

9 + 6	10 - 7	5 + 7	4 + 8	14 - 5	3 - 2	8 - 6	14 - 9	3 + 6
5 + 9	6 + 4	11 - 9	9 + 3	1 + 3	9 - 3	15 - 7	8 + 4	10 - 5
4 + 6	8 + 5	14 - 7	5 + 1	7 - 3	4 - 3	5 + 2	11 - 7	8 + 1
6 - 2	7 + 5	5 + 8	8 - 7	15 - 8	7 - 6	9 + 8	7 + 9	2 + 5
6 - 4	7 + 8	5 - 3	4 - 2	5 - 4	7 + 1	8 - 5	9 + 2	7 + 3
10 - 2	15 - 6	10 - 4	6 - 5	7 + 7	10 - 6	6 - 3	5 + 4	9 - 8
3 + 4	4 + 2	3 + 3	8 + 2	3 + 1	7 + 4	1 + 4	4 + 1	18 - 9
4 + 9	12 - 6	11 - 4	8 - 4	13 - 9	6 + 3	6 + 1	6 + 5	7 - 2
2 + 8	17 - 9	16 - 8	11 - 3	16 - 9	1 + 6	15 - 9	8 + 3	6 + 8

16 − 8	4 − 3	14 − 7	17 − 9	13 − 5	2 + 2	3 + 6	6 + 2	4 − 2
11 − 5	15 − 7	3 + 2	5 + 8	12 − 6	8 − 5	9 − 2	6 + 3	3 + 4
17 − 8	1 + 4	9 − 6	12 − 4	9 + 6	8 + 3	10 − 2	3 + 1	2 + 1
13 − 9	8 + 2	4 + 5	1 + 9	1 + 6	5 + 6	14 − 6	3 − 2	8 − 3
7 − 4	18 − 9	9 − 3	5 + 4	15 − 8	7 + 8	13 − 6	9 + 7	10 − 7
2 + 6	5 − 3	10 − 4	1 + 8	12 − 8	7 − 3	2 + 5	7 + 4	2 + 4
16 − 9	9 + 5	9 + 2	9 − 0	8 − 4	8 − 7	11 − 7	8 + 7	5 − 2
8 + 4	6 − 4	9 + 8	5 + 2	15 − 9	6 + 1	4 + 7	3 + 8	12 − 5
8 + 6	4 + 6	4 + 3	7 + 5	6 − 5	3 + 3	6 + 7	1 + 1	10 − 5

9

5 + 7	16 - 9	14 - 8	17 - 9	6 - 5	2 + 5	12 - 5	8 + 8	7 + 9
8 + 2	7 - 6	1 + 3	8 + 4	11 - 4	7 - 4	6 + 8	7 + 4	9 - 7
17 - 8	6 + 5	18 - 9	14 - 7	9 + 7	9 + 9	3 + 3	4 - 3	8 - 6
2 + 3	8 - 5	5 + 8	12 - 6	8 + 9	6 + 7	10 - 2	1 + 7	8 - 3
13 - 7	2 + 7	14 - 9	10 - 5	9 - 6	5 - 3	10 - 3	7 + 8	9 + 6
6 - 4	16 - 8	4 + 3	4 + 7	8 + 3	7 - 3	13 - 8	9 + 1	15 - 7
12 - 8	7 + 5	7 + 6	6 + 2	11 - 5	4 + 8	5 + 5	5 - 4	4 + 4
7 + 2	7 + 3	8 - 4	9 + 5	6 - 2	1 + 6	3 + 9	9 - 3	11 - 6
4 + 6	1 + 1	3 + 7	13 - 9	3 + 4	10 - 6	15 - 8	6 + 4	8 - 7

7 + 5	8 + 5	10 - 1	13 - 6	7 - 5	2 + 4	3 + 7	5 - 4	9 - 7
7 + 1	14 - 9	13 - 8	17 - 8	11 - 2	3 + 6	5 + 8	5 + 1	11 - 7
6 + 2	16 - 9	15 - 7	14 - 8	10 - 8	7 + 2	16 - 8	17 - 9	7 - 4
13 - 7	8 - 5	4 - 3	9 - 4	2 + 7	9 - 8	5 + 7	2 + 9	2 + 5
12 - 5	8 + 1	3 - 2	11 - 4	2 + 6	4 + 4	1 + 9	6 + 4	6 + 5
9 + 3	3 + 4	4 + 3	10 - 2	8 - 3	6 - 4	8 + 7	18 - 9	7 + 9
2 + 2	4 + 2	13 - 9	8 - 7	8 + 6	3 + 3	11 - 6	5 + 3	9 - 2
2 + 8	4 + 8	3 + 2	12 - 9	4 + 6	10 - 7	5 + 9	1 + 5	4 + 5
15 - 6	5 + 6	14 - 5	11 - 3	5 - 3	11 - 8	1 + 8	7 + 4	6 + 9

15 − 7	5 + 8	10 − 2	15 − 6	14 − 8	2 + 6	9 + 6	7 + 5	9 − 0
7 + 7	18 − 9	5 + 2	12 − 3	7 + 3	14 − 6	6 − 3	8 − 6	15 − 8
8 + 8	11 − 2	15 − 9	6 + 3	17 − 8	3 + 8	12 − 8	10 − 4	9 − 1
5 + 4	9 + 5	3 + 3	6 + 4	9 − 3	6 + 6	3 − 2	3 + 5	4 − 3
6 + 9	7 − 2	8 + 7	9 − 4	4 + 6	4 + 8	7 + 8	2 + 3	4 − 2
6 + 8	16 − 9	14 − 7	4 + 7	1 + 2	3 + 2	8 + 6	6 − 4	1 + 4
8 − 5	14 − 9	5 − 4	12 − 6	8 + 2	5 + 9	5 + 7	16 − 8	7 − 6
9 + 8	11 − 7	13 − 5	7 + 6	5 + 6	11 − 5	6 + 2	9 − 6	11 − 4
4 + 9	13 − 7	5 + 5	1 + 6	4 + 3	6 − 5	8 + 5	3 + 4	7 − 3

2 + 5	6 - 4	4 - 3	4 + 9	12 - 8	6 + 4	2 + 6	7 - 6	8 + 6

5 + 3	3 - 2	2 + 8	6 + 6	17 - 8	5 - 4	10 - 6	7 - 3	18 - 9

8 - 6	12 - 9	5 - 3	11 - 6	7 + 2	16 - 7	4 + 4	7 - 2	3 + 5

14 - 8	10 - 7	10 - 5	9 + 8	3 + 9	8 + 7	5 - 2	10 - 3	9 - 3

12 - 5	9 - 1	6 + 5	14 - 7	8 + 4	5 + 5	9 + 7	2 + 2	4 + 8

6 + 3	8 - 7	2 + 9	9 + 5	8 + 3	11 - 7	6 + 2	7 + 8	11 - 5

17 - 9	14 - 6	1 + 6	15 - 8	8 + 1	5 + 2	6 - 5	6 + 9	15 - 7

4 - 2	9 + 3	1 + 4	3 + 1	15 - 9	16 - 8	3 + 8	8 + 5	10 - 8

2 + 7	13 - 6	3 + 4	4 + 5	6 - 3	7 - 5	7 + 3	5 + 7	8 + 8

8 + 4	7 - 4	2 + 3	15 - 6	6 + 2	16 - 9	12 - 7	17 - 8	2 + 1
18 - 9	6 + 3	7 + 4	4 + 7	1 + 4	3 + 7	6 + 7	7 + 1	7 + 2
6 - 5	10 - 8	2 + 9	6 + 5	6 + 6	4 + 3	8 - 7	4 + 1	9 + 5
7 - 6	9 - 8	6 - 3	4 - 2	7 + 7	4 + 2	5 + 5	13 - 4	11 - 3
13 - 9	10 - 3	16 - 7	4 + 9	9 + 7	9 - 1	9 - 2	5 - 4	9 + 8
4 + 4	4 + 6	12 - 4	13 - 8	3 + 1	5 + 8	15 - 7	17 - 9	10 - 2
4 - 3	7 - 3	5 + 3	3 - 2	14 - 8	13 - 5	10 - 4	12 - 5	2 + 8
11 - 4	8 - 4	8 - 6	8 + 2	4 + 5	14 - 7	7 + 5	10 - 5	8 + 5
3 + 6	7 + 8	1 + 8	3 + 9	13 - 6	3 + 5	5 + 6	2 + 6	11 - 8

10 − 8	8 + 7	6 + 3	4 − 2	9 + 5	13 − 6	1 + 8	7 + 4	6 + 7
2 + 5	5 − 4	18 − 9	8 + 8	15 − 8	6 + 2	12 − 3	7 + 6	15 − 7
3 − 2	9 − 2	8 + 5	7 − 6	6 − 5	13 − 7	1 + 7	9 − 3	9 − 6
4 − 3	17 − 8	13 − 5	15 − 6	8 + 3	4 + 2	14 − 9	4 + 5	10 − 3
5 + 6	9 − 0	8 + 1	11 − 3	7 + 7	6 + 5	16 − 8	3 + 2	1 + 3
10 − 7	12 − 8	7 + 2	2 + 4	14 − 6	11 − 6	5 + 4	5 + 3	8 − 5
8 + 4	1 + 5	2 + 6	12 − 5	15 − 9	16 − 7	1 + 6	7 − 2	4 + 8
3 + 8	17 − 9	9 + 3	4 + 3	4 + 7	8 − 7	3 + 4	9 − 5	5 + 5
11 − 5	1 + 4	12 − 9	14 − 8	8 − 3	2 + 3	9 + 4	3 + 6	5 + 2

8 − 2	6 + 4	1 + 5	7 + 2	8 − 4	4 + 8	3 + 2	2 + 2	7 + 4
5 + 8	8 + 2	3 − 2	3 + 7	14 − 8	4 − 2	5 − 4	8 + 4	12 − 3
10 − 6	2 + 4	2 + 5	9 + 7	7 − 3	18 − 9	1 + 1	7 − 6	8 − 5
12 − 6	4 + 7	13 − 9	7 + 7	12 − 7	6 − 3	3 + 4	4 + 3	4 + 9
9 + 3	8 − 7	4 − 3	7 + 3	3 + 8	12 − 5	4 + 4	7 + 9	8 + 6
1 + 7	13 − 6	4 + 5	15 − 6	4 + 1	13 − 4	5 + 9	6 − 2	13 − 8
8 + 8	12 − 8	9 + 9	15 − 7	10 − 2	6 − 5	5 + 6	9 − 6	10 − 4
4 + 2	10 − 3	9 − 7	13 − 5	16 − 9	17 − 8	17 − 9	5 − 3	1 + 3
9 + 2	6 + 9	7 + 5	16 − 7	4 + 6	13 − 7	6 − 4	8 + 7	9 + 5

17 − 9	6 + 4	8 − 5	14 − 9	9 − 6	6 + 6	9 + 5	17 − 8	8 − 4
3 − 2	18 − 9	16 − 8	6 + 1	12 − 7	6 − 3	7 − 5	6 + 5	5 − 3
7 + 3	16 − 9	14 − 5	11 − 5	7 + 4	7 − 6	3 + 4	12 − 6	12 − 3
6 − 2	11 − 4	15 − 9	5 − 4	7 − 4	2 + 4	2 + 9	5 + 5	12 − 8
3 + 8	8 + 8	1 + 4	4 + 9	7 + 5	2 + 6	4 + 7	3 + 6	4 + 4
5 + 8	13 − 6	8 − 3	15 − 7	8 − 7	8 + 7	1 + 6	7 + 1	4 + 2
4 + 3	5 + 2	2 + 8	11 − 2	9 − 0	7 + 2	5 + 4	6 − 5	6 + 2
2 + 2	4 − 2	16 − 7	2 + 5	9 + 7	8 + 3	9 + 3	3 + 9	9 − 7
2 + 3	8 + 2	13 − 7	3 + 3	14 − 7	12 − 9	11 − 7	11 − 3	1 + 8

4 + 6	11 - 5	5 + 7	8 + 4	4 - 2	16 - 7	7 + 8	5 + 3	4 - 3
14 - 5	13 - 9	2 + 8	6 + 3	13 - 6	12 - 5	17 - 9	3 + 7	6 - 5
18 - 9	9 - 8	15 - 8	4 + 4	6 - 3	2 + 2	2 + 6	1 + 2	4 + 9
7 + 7	8 - 2	8 + 5	12 - 9	9 + 4	5 + 2	15 - 9	9 - 1	10 - 4
2 + 4	12 - 4	3 + 2	9 - 5	10 - 5	1 + 9	10 - 7	3 + 4	4 + 5
9 + 3	10 - 3	11 - 4	6 + 5	6 + 4	5 - 2	10 - 2	7 - 5	7 - 2
15 - 7	14 - 8	1 + 7	7 + 4	10 - 1	8 + 2	3 + 8	4 + 8	13 - 7
12 - 7	3 + 9	9 - 7	16 - 8	5 + 4	7 - 6	7 + 6	7 + 1	4 + 7
12 - 6	8 + 3	5 + 6	2 + 1	5 - 3	1 + 8	8 - 4	9 + 2	5 + 1

6 + 7	1 + 4	6 + 8	15 - 7	3 + 6	18 - 9	5 + 6	3 + 2	7 - 5
3 + 3	6 - 4	10 - 1	10 - 9	6 + 5	7 - 3	17 - 8	6 + 3	7 + 3
10 - 2	1 + 6	14 - 7	2 + 7	6 - 3	7 - 4	5 - 3	14 - 9	16 - 7
7 + 9	8 + 4	7 + 8	4 + 5	2 + 3	2 + 9	4 - 3	14 - 5	5 + 4
7 + 7	3 + 9	13 - 7	15 - 6	3 + 8	2 + 4	6 + 2	4 + 4	5 + 2
1 + 2	10 - 5	17 - 9	4 + 8	3 + 7	9 - 6	2 + 2	9 - 7	12 - 5
12 - 6	9 - 0	3 + 4	12 - 8	8 + 6	12 - 4	8 + 1	6 + 6	7 - 6
15 - 8	4 + 6	8 + 7	13 - 4	9 - 3	5 + 5	8 + 5	8 + 8	8 - 5
6 + 4	7 + 4	11 - 7	14 - 6	16 - 8	8 - 3	10 - 6	9 - 1	13 - 5

8	3	13	11	18	4	6	5	8
− 5	+ 2	− 6	− 4	− 9	+ 7	− 5	− 3	+ 5

6	3	7	6	10	12	15	14	6
− 4	+ 4	− 3	+ 3	− 8	− 3	− 8	− 6	+ 7

8	17	4	2	1	8	7	13	6
− 6	− 9	+ 6	+ 7	+ 2	+ 9	+ 5	− 4	+ 2

6	11	3	6	9	9	2	6	5
− 3	− 2	+ 3	+ 1	− 7	+ 8	+ 5	+ 6	+ 3

9	5	6	13	11	1	9	16	7
− 4	+ 2	− 2	− 8	− 7	+ 3	+ 9	− 8	+ 7

2	11	6	9	4	4	8	13	5
+ 4	− 5	+ 5	− 2	− 3	+ 5	+ 8	− 5	+ 6

12	7	16	12	16	2	11	5	11
− 4	+ 3	− 9	− 8	− 7	+ 3	− 6	− 4	− 8

2	12	4	7	1	1	6	5	3
+ 8	− 7	+ 8	− 4	+ 6	+ 7	+ 8	+ 7	+ 7

12	8	15	6	8	9	8	3	7
− 9	+ 3	− 9	+ 4	+ 6	+ 7	− 2	− 2	+ 9

3 + 4	4 + 9	8 + 8	3 + 2	4 + 6	8 - 4	8 + 9	9 + 6	1 + 2
7 + 5	4 - 2	15 - 6	7 + 8	9 - 5	8 - 2	3 + 7	9 - 0	7 + 7
5 - 4	8 + 2	5 - 3	9 - 2	14 - 9	7 - 5	3 - 2	1 + 3	9 + 2
6 - 5	6 + 3	8 + 3	1 + 7	9 + 8	6 - 4	6 + 1	11 - 2	6 - 2
17 - 8	16 - 9	15 - 9	9 - 6	3 + 8	2 + 3	7 + 4	17 - 9	12 - 4
7 - 3	14 - 6	3 + 6	7 + 9	8 - 6	8 + 5	14 - 8	11 - 5	7 + 6
2 + 7	1 + 6	5 + 3	2 + 9	9 - 4	6 + 6	5 + 1	6 - 3	7 - 6
9 + 7	12 - 5	5 + 5	11 - 7	5 + 8	4 + 5	14 - 7	2 + 4	13 - 4
18 - 9	12 - 3	15 - 7	4 - 3	13 - 7	13 - 8	6 + 2	3 + 3	7 + 2

6 + 7	5 - 3	14 - 5	9 - 7	13 - 6	17 - 9	14 - 8	17 - 8	2 + 5
5 + 5	7 - 4	8 - 7	5 + 7	3 + 5	8 - 6	6 - 2	4 + 6	10 - 2
4 + 5	14 - 9	6 + 2	8 + 7	4 + 3	5 - 4	4 + 2	7 + 3	6 + 6
11 - 7	7 + 8	16 - 9	2 + 2	10 - 9	2 + 8	7 + 6	3 - 2	4 - 2
12 - 6	9 - 2	7 + 2	1 + 4	2 + 7	13 - 7	16 - 7	2 + 1	2 + 4
4 + 9	11 - 6	7 - 3	15 - 7	6 + 3	7 - 5	12 - 9	6 - 3	11 - 3
9 + 7	11 - 4	2 + 6	8 + 6	6 - 4	11 - 8	8 + 5	9 + 9	10 - 3
4 - 3	5 + 6	18 - 9	12 - 7	12 - 5	3 + 8	6 + 4	5 + 2	4 + 8
1 + 5	5 + 1	6 - 5	9 + 2	2 + 3	3 + 9	9 + 3	13 - 9	8 + 8

14 − 7	9 − 7	7 + 7	5 + 8	15 − 6	4 + 8	7 + 1	9 + 2	9 + 3
2 + 1	2 + 4	12 − 8	9 − 1	14 − 6	9 + 5	17 − 9	1 + 5	7 − 6
6 + 7	10 − 4	5 − 2	8 + 1	6 + 8	12 − 7	8 + 2	3 + 9	17 − 8
6 + 3	8 + 7	7 + 5	4 − 3	16 − 9	2 + 6	5 + 1	10 − 2	6 + 6
13 − 7	6 − 2	4 − 2	5 + 5	9 − 2	3 − 2	6 + 5	11 − 3	13 − 6
6 + 2	10 − 5	7 − 5	10 − 6	1 + 4	3 + 8	16 − 7	8 + 9	5 + 4
7 − 2	5 + 3	8 − 7	18 − 9	4 + 1	15 − 8	6 − 5	5 − 3	3 + 2
3 + 4	9 − 5	11 − 9	4 + 7	15 − 7	3 + 3	14 − 8	8 − 4	5 + 6
11 − 5	8 − 6	15 − 9	5 + 7	7 + 4	4 + 6	1 + 7	7 + 3	2 + 2

3 + 6	4 + 8	6 + 7	5 - 4	3 + 3	8 - 2	16 - 8	4 + 6	12 - 5
6 - 5	2 + 7	5 + 6	5 + 9	2 + 4	12 - 7	7 + 4	6 + 4	4 + 3
2 + 5	14 - 6	11 - 7	9 + 5	3 - 2	7 - 5	7 + 6	1 + 4	7 - 2
17 - 8	4 - 3	15 - 8	12 - 4	6 - 3	6 + 3	9 - 5	18 - 9	4 + 7
5 + 4	8 + 6	6 + 1	9 - 4	16 - 7	9 - 1	8 + 7	3 + 2	11 - 6
17 - 9	7 - 4	12 - 6	7 - 3	7 + 7	13 - 6	13 - 5	5 + 7	11 - 2
5 + 8	16 - 9	13 - 8	8 + 3	15 - 9	6 + 9	11 - 8	7 + 8	1 + 7
9 + 1	1 + 1	1 + 2	8 - 5	14 - 7	1 + 6	7 - 6	14 - 8	3 + 9
6 + 6	5 - 3	6 - 2	4 + 1	2 + 3	12 - 8	4 + 4	4 + 2	2 + 1

8 + 4	12 - 7	1 + 9	10 - 3	13 - 8	7 + 4	11 - 5	2 + 2	7 - 3
5 + 8	2 + 7	6 - 5	7 + 2	15 - 9	3 + 3	1 + 3	3 + 7	17 - 9
15 - 8	7 + 9	13 - 5	4 + 6	3 + 4	4 + 8	3 + 1	4 + 4	10 - 4
6 + 3	8 + 1	2 + 1	9 + 8	7 - 2	8 + 8	3 + 2	5 + 6	4 + 3
2 + 8	16 - 8	5 - 4	10 - 1	6 + 4	14 - 6	5 - 3	12 - 4	7 + 8
3 - 2	1 + 4	13 - 4	17 - 8	8 - 5	15 - 7	7 + 5	2 + 5	2 + 9
1 + 2	12 - 8	11 - 7	9 + 5	9 - 1	8 - 7	11 - 4	9 - 0	8 + 3
6 - 4	13 - 7	6 + 8	10 - 7	1 + 7	8 - 6	9 - 4	13 - 6	8 + 6
8 - 3	6 + 7	8 + 5	5 + 9	5 - 2	8 - 2	3 + 5	11 - 8	4 - 3

8 + 1	10 - 1	4 + 4	3 + 8	7 + 4	7 + 7	6 + 1	3 + 7	16 - 8
5 + 6	18 - 9	2 + 6	16 - 9	12 - 5	1 + 7	5 - 3	9 - 7	11 - 9
6 + 9	3 + 5	5 + 2	14 - 7	12 - 3	6 + 8	8 - 5	2 + 7	4 + 5
9 - 5	14 - 6	8 + 4	4 - 3	2 + 3	8 + 6	4 + 6	11 - 7	13 - 6
8 - 6	7 - 5	5 + 8	14 - 8	4 - 2	1 + 1	11 - 3	5 + 5	8 + 7
8 + 8	4 + 2	17 - 8	2 + 8	12 - 6	16 - 7	10 - 5	8 - 7	12 - 7
3 + 1	3 - 2	4 + 1	7 + 5	4 + 8	10 - 2	5 - 2	15 - 8	10 - 6
6 - 2	5 + 3	6 + 2	14 - 5	10 - 4	1 + 4	8 + 5	4 + 7	9 + 7
3 + 2	11 - 8	10 - 9	9 - 1	5 + 9	15 - 9	7 + 6	9 + 4	12 - 8

7 - 5	8 + 5	16 - 8	12 - 7	1 + 4	10 - 5	6 + 4	9 - 2	6 + 3
18 - 9	4 - 3	14 - 7	5 + 9	8 + 9	2 + 5	10 - 6	8 + 6	1 + 9
3 - 2	7 + 7	11 - 5	5 - 3	3 + 8	11 - 6	8 - 7	12 - 6	16 - 7
2 + 9	3 + 1	9 + 6	7 + 5	13 - 7	3 + 9	10 - 9	3 + 5	2 + 3
4 - 2	5 + 7	2 + 4	2 + 6	8 + 7	9 + 4	1 + 1	4 + 2	10 - 7
9 - 8	4 + 1	5 + 1	12 - 8	5 - 4	8 - 4	7 + 8	7 + 6	4 + 9
9 - 4	9 + 7	17 - 9	6 - 3	7 - 6	10 - 8	9 - 5	13 - 4	5 + 2
15 - 8	6 + 5	15 - 7	9 + 8	5 + 8	8 + 1	6 + 8	12 - 3	9 + 5
14 - 9	6 + 7	14 - 8	2 + 2	6 + 2	12 - 5	11 - 4	13 - 8	13 - 6

6	4	8	4	2	6	15	7	11
+ 8	+ 3	+ 9	- 3	+ 8	+ 2	- 8	+ 9	- 3

6	17	5	5	1	9	10	9	3
+ 3	- 9	+ 4	+ 7	+ 7	+ 7	- 3	+ 3	+ 2

8	2	13	13	3	5	8	4	13
- 6	+ 6	- 5	- 6	+ 8	- 4	+ 3	+ 9	- 7

12	6	5	11	4	2	18	9	7
- 8	- 2	- 2	- 2	+ 8	+ 7	- 9	+ 9	- 2

15	2	1	5	4	4	10	6	17
- 9	+ 5	+ 5	- 3	+ 6	+ 7	- 4	- 3	- 8

8	7	8	7	5	16	4	7	15
- 4	+ 1	+ 8	+ 7	+ 3	- 7	+ 1	- 4	- 7

3	15	6	8	5	12	9	8	7
+ 6	- 6	+ 4	+ 7	+ 8	- 7	- 6	+ 6	- 6

3	1	12	5	14	16	9	8	14
+ 7	+ 9	- 4	+ 6	- 8	- 8	- 7	- 5	- 5

3	2	7	13	5	6	8	16	2
- 2	+ 9	- 5	- 4	+ 5	+ 7	- 3	- 9	+ 2

14 - 8	3 + 7	10 - 1	8 + 7	7 - 6	3 - 2	9 + 6	4 - 3	14 - 9
3 + 3	5 + 4	5 + 9	13 - 9	4 + 5	7 + 7	16 - 9	9 + 9	3 + 6
9 + 5	8 + 8	4 - 2	6 + 7	5 + 6	2 + 8	8 - 7	6 + 5	4 + 7
6 + 3	10 - 3	15 - 6	8 - 6	6 + 6	5 + 5	8 + 1	3 + 8	1 + 6
8 - 5	2 + 3	4 + 4	7 + 8	8 + 6	6 - 5	17 - 9	14 - 7	12 - 8
14 - 6	8 + 5	8 + 3	4 + 2	5 - 2	10 - 8	11 - 6	5 + 2	16 - 8
8 - 3	7 - 2	2 + 9	17 - 8	11 - 4	6 - 4	9 - 2	5 - 3	13 - 5
7 + 5	11 - 9	6 - 3	11 - 8	5 + 3	8 + 9	13 - 6	9 - 7	15 - 7
6 + 4	6 + 8	5 + 8	10 - 5	6 + 9	9 - 1	7 - 5	2 + 7	8 + 4

4 + 7	4 + 8	3 + 1	8 - 5	3 + 3	10 - 3	17 - 8	5 + 9	13 - 6
5 - 2	3 + 5	8 - 7	4 + 3	8 - 3	4 - 3	1 + 4	9 + 4	8 + 4
8 - 4	5 + 5	5 - 3	12 - 8	1 + 8	14 - 7	13 - 7	15 - 7	5 + 3
10 - 8	7 + 4	14 - 9	4 + 6	5 + 4	9 + 3	9 - 3	12 - 6	9 + 5
2 + 1	11 - 2	4 + 1	9 - 6	1 + 7	4 + 9	6 - 4	7 + 6	11 - 3
4 + 5	3 + 8	12 - 9	5 - 4	7 + 1	10 - 5	11 - 6	18 - 9	9 - 0
5 + 8	11 - 7	7 + 5	8 + 9	7 + 3	17 - 9	9 + 1	13 - 4	7 - 6
1 + 5	5 + 2	10 - 6	12 - 5	9 + 8	4 + 4	9 - 2	15 - 8	8 + 2
14 - 5	2 + 2	1 + 3	9 + 7	15 - 6	8 - 2	2 + 7	1 + 9	16 - 9

6 − 4	2 + 6	14 − 8	12 − 9	6 − 3	8 + 5	4 − 2	3 + 8	13 − 9
13 − 7	12 − 7	6 + 3	13 − 5	4 + 4	4 + 1	9 − 4	11 − 3	5 + 9
5 + 2	2 + 1	4 − 3	17 − 9	3 + 6	8 + 8	6 + 7	5 + 7	5 − 3
9 + 4	15 − 8	17 − 8	14 − 7	6 + 2	15 − 7	10 − 7	9 + 3	14 − 9
4 + 5	1 + 5	4 + 2	10 − 4	9 − 5	9 − 2	5 + 6	13 − 6	8 + 7
1 + 3	16 − 7	1 + 4	7 − 3	11 − 8	13 − 4	7 − 5	5 + 5	7 + 1
4 + 8	9 − 7	3 − 2	3 + 9	8 + 3	1 + 2	6 + 1	1 + 7	9 − 3
2 + 4	3 + 7	4 + 9	7 + 7	4 + 3	6 + 5	12 − 6	16 − 8	12 − 8
18 − 9	5 + 4	6 − 5	8 − 5	2 + 9	6 + 4	8 − 4	5 − 4	3 + 3

14 − 7	12 − 8	9 + 3	7 + 8	12 − 7	7 + 3	1 + 8	5 + 7	15 − 7
12 − 4	12 − 6	2 + 5	9 + 4	17 − 9	6 + 6	3 + 3	8 − 7	8 + 8
18 − 9	7 + 5	4 + 7	5 − 4	8 + 4	6 − 5	13 − 8	11 − 6	6 − 4
3 − 2	17 − 8	7 − 4	2 + 8	6 + 2	11 − 7	14 − 8	6 + 4	4 + 3
11 − 2	12 − 3	2 + 4	2 + 2	16 − 8	10 − 3	16 − 9	16 − 7	7 + 4
11 − 3	5 + 2	2 + 6	8 − 3	4 + 8	2 + 3	8 + 3	13 − 4	5 + 3
4 + 5	9 + 8	8 + 9	13 − 7	4 + 4	13 − 5	5 + 4	7 − 3	6 + 1
5 − 2	10 − 1	6 + 7	4 + 1	4 + 9	15 − 8	7 + 7	4 − 3	8 − 4
10 − 6	3 + 2	4 + 6	15 − 6	13 − 6	1 + 6	3 + 8	12 − 5	3 + 7

5 + 6	16 - 8	7 + 2	4 + 1	8 + 4	2 + 2	6 + 8	6 + 5	10 - 2
7 - 6	4 + 7	9 + 4	9 + 3	8 + 8	14 - 8	15 - 8	13 - 5	7 + 5
2 + 5	11 - 3	10 - 3	17 - 9	14 - 6	9 - 8	3 + 1	2 + 3	7 + 8
15 - 7	3 + 9	7 + 1	4 - 2	11 - 4	2 + 8	6 - 3	4 + 9	5 + 9
4 + 8	18 - 9	10 - 8	17 - 8	5 + 2	12 - 7	8 - 7	13 - 4	9 - 5
4 - 3	7 + 6	7 - 4	6 - 4	16 - 7	1 + 2	10 - 5	12 - 5	14 - 7
8 + 5	7 + 4	7 - 5	9 - 3	16 - 9	5 + 1	6 + 9	2 + 9	5 + 4
10 - 6	3 + 7	2 + 4	5 + 8	1 + 6	6 + 3	15 - 6	6 + 7	2 + 7
8 + 3	8 + 9	7 - 3	15 - 9	8 - 2	1 + 4	3 - 2	9 - 0	11 - 7

10 − 4	6 + 6	2 + 7	1 + 5	5 + 5	7 + 5	17 − 8	3 + 3	2 + 9
16 − 8	7 − 5	15 − 7	6 + 1	1 + 3	9 + 3	2 + 5	6 − 4	5 + 4
6 + 3	15 − 9	2 + 4	12 − 9	11 − 4	8 + 4	12 − 3	8 − 5	8 − 2
12 − 8	1 + 4	3 + 8	5 + 8	9 + 5	12 − 7	11 − 5	4 + 5	4 + 4
3 + 1	11 − 3	4 − 3	14 − 6	3 + 5	3 − 2	5 + 6	3 + 6	8 + 5
7 − 3	5 + 1	17 − 9	6 + 4	8 − 3	5 + 7	8 − 7	8 + 6	9 + 2
5 − 2	11 − 9	16 − 9	14 − 9	8 + 2	6 − 3	7 + 7	9 + 8	9 − 5
4 + 7	6 + 2	2 + 3	8 + 8	14 − 7	10 − 5	18 − 9	8 − 6	11 − 2
4 + 1	6 − 2	5 − 3	9 − 3	7 − 6	4 + 6	9 − 4	6 + 7	16 − 7

3 − 2	2 + 8	16 − 7	8 + 4	15 − 6	6 + 2	10 − 4	13 − 8

5
$+ 2$

| 8
+ 8 | 14
− 7 | 3
+ 4 | 2
+ 4 | 6
− 2 | 7
+ 2 | 3
+ 7 | 7
− 3 | 4
+ 3 |

| 5
+ 1 | 14
− 6 | 6
+ 8 | 13
− 5 | 8
+ 6 | 12
− 5 | 2
+ 1 | 5
− 3 | 11
− 9 |

| 6
+ 5 | 13
− 7 | 12
− 7 | 7
+ 1 | 9
− 4 | 2
+ 5 | 2
+ 3 | 14
− 5 | 3
+ 1 |

| 7
+ 4 | 4
+ 8 | 7
− 4 | 3
+ 2 | 7
− 6 | 7
+ 6 | 17
− 9 | 2
+ 2 | 4
+ 9 |

| 5
+ 9 | 9
− 5 | 6
− 4 | 8
+ 5 | 17
− 8 | 4
+ 6 | 9
− 3 | 2
+ 7 | 7
+ 8 |

| 10
− 6 | 4
− 2 | 6
− 5 | 10
− 2 | 12
− 3 | 5
− 2 | 10
− 5 | 1
+ 7 | 8
− 5 |

| 5
− 4 | 1
+ 5 | 4
+ 1 | 7
+ 7 | 10
− 8 | 4
+ 2 | 4
− 3 | 18
− 9 | 7
+ 5 |

| 10
− 7 | 16
− 8 | 1
+ 2 | 8
− 2 | 4
+ 7 | 2
+ 6 | 3
+ 3 | 4
+ 4 | 11
− 5 |

9 − 2	7 − 3	7 − 4	8 + 5	1 + 3	8 − 3	3 + 1	6 − 2	9 − 7
9 + 8	7 + 8	8 + 2	3 + 5	16 − 7	8 − 2	16 − 8	8 + 1	3 − 2
14 − 9	8 + 3	12 − 5	7 + 5	11 − 7	17 − 8	2 + 1	6 + 2	11 − 8
4 + 2	4 − 2	7 − 2	9 − 6	9 + 7	7 + 3	18 − 9	15 − 7	8 − 7
2 + 2	5 − 2	11 − 5	2 + 5	8 + 6	6 + 5	11 − 6	17 − 9	14 − 8
3 + 4	9 + 5	11 − 4	14 − 5	15 − 8	13 − 5	9 − 1	1 + 5	9 − 3
10 − 5	6 + 6	13 − 7	1 + 4	4 + 9	6 + 8	2 + 6	4 + 7	4 − 3
4 + 4	2 + 3	3 + 8	5 + 7	7 + 2	4 + 6	9 + 3	7 + 4	5 + 6
8 + 7	5 − 3	8 + 4	3 + 2	13 − 4	6 − 5	4 + 3	8 − 5	10 − 8

13 - 5	18 - 9	7 + 6	4 + 7	4 - 2	10 - 5	6 + 2	5 + 7	5 - 3
7 + 4	3 + 2	9 - 1	7 + 9	13 - 4	7 - 2	4 + 1	6 + 7	2 + 5
5 + 2	12 - 8	2 + 7	4 + 3	17 - 8	15 - 7	17 - 9	16 - 8	3 + 8
16 - 7	3 + 1	10 - 3	9 - 2	15 - 9	6 - 4	15 - 8	4 + 5	9 - 7
1 + 9	5 - 2	10 - 2	6 + 8	5 + 8	13 - 6	8 + 6	8 + 5	10 - 4
7 - 4	3 + 5	12 - 7	9 + 2	8 - 6	7 - 6	9 + 7	9 + 8	13 - 8
6 + 1	2 + 3	9 - 3	10 - 1	9 + 6	7 - 3	8 + 8	8 - 5	14 - 5
8 + 2	5 + 4	6 + 9	5 + 3	11 - 6	9 + 1	7 + 7	9 - 4	1 + 4
3 - 2	11 - 4	9 + 3	5 + 1	5 + 5	1 + 8	4 + 4	11 - 9	8 - 3

1 + 7	6 - 2	12 - 8	2 + 4	13 - 5	13 - 6	17 - 8	16 - 9	8 - 6
14 - 6	3 - 2	3 + 3	5 - 3	9 - 6	8 + 5	13 - 4	11 - 8	16 - 7
2 + 7	9 + 9	12 - 3	17 - 9	6 + 2	11 - 5	9 - 3	12 - 4	8 + 9
4 - 3	8 + 4	5 + 5	16 - 8	15 - 8	9 - 8	1 + 2	15 - 6	7 + 4
2 + 9	4 - 2	4 + 3	4 + 6	2 + 6	4 + 1	7 + 5	8 + 7	7 - 4
6 - 3	14 - 9	8 + 2	5 + 8	7 + 1	9 - 2	5 + 4	18 - 9	15 - 7
9 - 1	10 - 2	2 + 8	6 + 8	4 + 7	6 + 9	7 + 6	1 + 5	10 - 3
6 + 4	2 + 5	2 + 1	8 + 8	14 - 8	8 - 7	7 + 2	3 + 9	11 - 6
5 - 2	4 + 2	3 + 6	4 + 8	8 - 3	9 + 8	6 - 4	3 + 2	5 + 3

3 + 8	11 - 4	7 + 5	4 - 3	7 - 2	2 + 1	14 - 6	9 - 0	2 + 5
17 - 8	4 + 6	5 + 4	9 - 6	3 - 2	6 - 2	4 + 5	3 + 5	10 - 3
6 - 5	7 + 4	15 - 7	8 - 4	12 - 8	4 - 2	6 + 8	1 + 3	9 + 1
5 + 6	14 - 8	12 - 5	15 - 9	8 + 7	18 - 9	13 - 4	2 + 6	9 + 3
8 + 2	13 - 6	9 + 4	2 + 9	8 - 2	2 + 2	6 + 6	4 + 8	7 + 7
5 - 2	7 + 8	4 + 7	6 + 7	8 + 5	11 - 3	17 - 9	5 + 1	5 + 5
16 - 9	6 - 3	7 + 6	16 - 7	11 - 8	6 + 9	4 + 3	15 - 6	6 + 4
3 + 1	5 + 9	5 - 3	5 + 8	11 - 6	3 + 6	9 - 8	9 - 1	7 - 6
10 - 2	5 + 2	7 - 4	14 - 9	4 + 1	9 - 7	5 - 4	8 + 3	4 + 9

3 + 2	6 + 1	16 - 7	1 + 5	6 - 5	7 - 6	5 + 8	15 - 8	5 + 5
5 + 4	7 + 3	6 + 8	5 + 7	2 + 8	8 + 8	9 + 1	12 - 8	15 - 7
3 - 2	5 - 3	3 + 3	7 + 1	12 - 4	9 + 8	7 - 4	7 - 5	14 - 6
16 - 8	4 + 6	9 - 2	6 + 4	6 + 7	17 - 8	2 + 3	4 + 8	7 + 2
8 + 1	9 - 1	2 + 6	7 + 7	14 - 7	6 - 4	3 + 5	9 + 2	5 - 4
3 + 6	5 + 9	9 - 5	17 - 9	3 + 9	13 - 5	7 - 3	12 - 5	5 + 2
14 - 9	11 - 6	10 - 3	18 - 9	4 + 2	8 - 3	5 - 2	4 - 3	4 - 2
11 - 5	8 + 6	8 + 7	13 - 6	8 + 5	1 + 3	10 - 8	2 + 1	1 + 4
4 + 9	3 + 7	6 - 2	7 + 5	14 - 5	14 - 8	6 + 6	11 - 8	10 - 7

15 - 9	4 + 4	6 - 5	4 - 3	8 - 6	5 + 7	4 + 6	3 - 2	11 - 6
8 - 5	1 + 1	18 - 9	2 + 8	3 + 5	6 + 5	13 - 9	4 - 2	10 - 3
9 + 8	8 + 2	5 - 3	9 - 4	9 - 2	12 - 5	11 - 4	5 + 8	1 + 3
9 + 7	2 + 7	12 - 9	6 + 2	3 + 8	3 + 9	6 - 3	1 + 2	3 + 7
7 - 4	17 - 9	4 + 2	17 - 8	14 - 7	6 + 8	6 + 9	10 - 2	14 - 9
16 - 7	8 - 3	8 - 7	3 + 3	16 - 8	12 - 3	5 + 5	9 + 3	10 - 6
4 + 8	12 - 4	6 + 6	2 + 3	5 - 4	10 - 5	5 + 9	9 - 7	9 - 3
6 + 4	3 + 6	8 + 6	8 + 7	4 + 3	3 + 1	8 + 9	4 + 7	15 - 6
9 + 6	7 + 3	6 - 4	5 + 6	11 - 7	12 - 6	15 - 7	3 + 2	4 + 1

9 + 1	17 - 8	1 + 7	5 + 2	7 + 2	10 - 4	17 - 9	6 + 3	4 + 8
7 + 8	8 + 6	7 + 7	5 - 4	7 - 3	1 + 6	8 + 2	7 + 3	6 + 6
4 + 7	11 - 4	9 + 3	1 + 3	5 + 7	2 + 1	3 + 1	6 + 9	6 - 4
11 - 2	15 - 7	2 + 3	7 - 4	5 + 3	14 - 6	4 + 5	4 - 2	5 - 2
4 - 3	13 - 7	2 + 9	6 - 3	9 - 1	9 + 7	6 + 5	13 - 8	15 - 6
5 + 9	13 - 5	9 + 5	16 - 9	5 + 5	2 + 7	11 - 6	14 - 9	14 - 8
1 + 1	12 - 9	11 - 3	10 - 3	5 + 8	2 + 6	7 - 5	8 - 3	11 - 8
7 + 4	18 - 9	9 - 3	5 + 6	6 + 4	5 - 3	2 + 8	9 - 7	6 + 2
8 - 5	12 - 4	3 - 2	8 + 7	12 - 5	15 - 8	8 + 4	8 - 2	3 + 8

5 + 8	8 - 3	10 - 3	17 - 8	13 - 6	12 - 6	3 + 5	7 - 4	6 + 2
2 + 6	8 - 4	6 + 6	5 + 9	10 - 6	4 - 3	4 + 7	17 - 9	15 - 9
3 + 4	14 - 8	11 - 8	3 + 2	2 + 2	18 - 9	2 + 3	4 + 2	4 + 5
8 + 3	16 - 8	2 + 7	11 - 3	6 + 7	5 + 2	8 + 2	2 + 1	1 + 5
3 + 1	5 + 3	12 - 7	12 - 8	12 - 5	8 + 7	7 + 4	7 - 3	8 + 6
8 - 5	14 - 7	4 - 2	7 + 5	6 + 1	10 - 1	6 - 3	9 - 8	8 + 1
3 + 3	5 + 7	3 + 8	9 - 7	13 - 5	10 - 5	6 + 5	9 - 4	13 - 7
5 + 4	9 + 1	7 + 3	7 + 1	5 - 4	4 + 6	11 - 7	2 + 5	15 - 8
1 + 3	4 + 8	11 - 5	12 - 9	7 - 2	1 + 7	12 - 4	16 - 9	3 - 2

3 + 3	3 + 4	2 + 1	2 + 3	18 - 9	17 - 8	3 + 5	5 + 2	2 + 8
14 - 7	2 + 6	3 + 7	5 + 1	14 - 5	14 - 8	4 + 2	3 - 2	4 - 3
11 - 3	7 + 2	7 + 7	11 - 7	13 - 5	10 - 6	7 - 4	8 + 5	4 + 9
6 + 2	9 - 8	6 + 3	12 - 3	2 + 9	13 - 6	10 - 8	7 - 6	1 + 3
5 + 4	10 - 7	9 + 6	6 - 4	15 - 9	14 - 6	6 + 4	5 + 3	8 - 3
12 - 4	4 + 8	11 - 5	10 - 2	13 - 8	8 - 5	16 - 8	9 - 6	16 - 7
8 + 4	4 + 1	6 - 2	8 + 3	9 - 1	15 - 6	5 + 9	8 + 2	7 - 3
3 + 2	6 - 3	7 - 2	6 + 5	5 + 8	2 + 5	9 - 4	8 + 1	7 + 3
5 - 4	7 + 4	2 + 2	8 - 6	4 + 6	2 + 7	7 + 5	3 + 1	12 - 7

15 - 7	9 + 2	5 - 4	7 + 2	4 + 3	12 - 6	7 + 3	6 + 7	7 + 4
4 + 5	7 - 5	1 + 9	9 - 7	1 + 8	13 - 5	8 - 4	8 + 5	8 - 6
8 + 4	2 + 8	7 + 6	9 + 5	11 - 8	1 + 6	17 - 8	11 - 5	7 + 1
3 - 2	14 - 7	5 + 6	14 - 6	9 + 1	4 + 2	10 - 1	4 + 6	10 - 3
9 + 6	6 - 5	14 - 5	8 + 6	7 + 5	5 - 3	11 - 7	15 - 8	2 + 4
18 - 9	13 - 8	5 + 9	8 + 3	2 + 2	10 - 5	6 - 3	9 + 4	15 - 9
9 + 8	9 - 0	7 - 6	2 + 7	12 - 7	5 + 3	12 - 8	6 + 6	11 - 9
8 + 2	8 - 2	6 + 2	5 + 4	12 - 4	17 - 9	12 - 5	3 + 2	6 - 2
15 - 6	5 + 7	6 + 5	10 - 4	3 + 5	9 - 8	5 + 8	6 - 4	5 + 1

8 + 5	2 + 6	3 + 9	11 - 3	12 - 5	3 + 7	3 + 6	2 + 8	14 - 5
13 - 5	10 - 8	5 - 3	4 - 2	7 + 7	5 + 9	4 + 8	10 - 6	8 - 4
3 - 2	5 + 8	5 + 4	9 + 8	13 - 7	5 + 1	18 - 9	7 + 4	8 + 1
3 + 4	8 + 2	15 - 8	14 - 9	10 - 5	9 + 6	7 + 2	4 + 5	3 + 2
15 - 7	5 + 3	5 - 2	2 + 3	4 + 3	17 - 8	8 + 7	4 - 3	5 + 2
7 - 4	16 - 8	8 + 8	9 - 5	2 + 4	6 + 8	8 - 7	9 - 2	9 - 8
13 - 9	6 - 5	13 - 6	11 - 7	5 - 4	10 - 9	6 + 1	17 - 9	8 + 4
12 - 7	13 - 8	1 + 7	8 + 6	2 + 7	14 - 6	3 + 5	12 - 8	1 + 6
9 + 5	15 - 6	6 + 7	9 - 3	9 + 3	7 - 3	16 - 9	1 + 5	6 + 4

15 − 8	8 + 4	12 − 5	10 − 9	3 + 7	15 − 6	7 − 5	10 − 8	3 + 4
2 + 6	3 + 2	13 − 7	10 − 4	16 − 7	8 + 7	10 − 2	12 − 8	12 − 7
17 − 8	4 + 7	10 − 6	6 − 5	9 + 7	2 + 2	11 − 4	15 − 7	4 + 4
11 − 6	8 + 3	9 − 4	9 − 3	5 + 8	8 − 5	5 + 4	12 − 4	6 + 1
7 + 8	7 − 6	8 + 2	14 − 6	6 + 7	6 + 5	12 − 3	4 + 9	3 − 2
6 + 6	4 + 3	11 − 7	6 + 2	5 + 5	12 − 9	9 + 3	4 + 1	4 + 2
2 + 4	13 − 5	7 + 5	14 − 9	11 − 3	8 − 7	18 − 9	2 + 7	7 + 9
9 − 2	5 + 2	8 + 6	7 + 1	6 − 3	7 − 3	3 + 3	16 − 8	10 − 3
17 − 9	14 − 7	7 + 4	2 + 8	8 + 5	1 + 7	5 + 9	9 + 8	8 + 8

1 + 7	13 - 5	4 + 1	7 - 3	18 - 9	7 + 1	1 + 2	9 - 3	7 + 9
4 + 3	6 + 6	5 + 2	5 + 9	2 + 7	1 + 6	3 + 7	5 - 4	5 + 7
8 + 4	2 + 5	3 + 9	15 - 7	3 + 5	4 - 2	3 + 1	2 + 8	5 + 5
14 - 8	6 + 2	1 + 8	10 - 6	8 + 3	17 - 8	10 - 4	8 - 5	6 - 3
5 - 2	15 - 8	7 + 2	4 - 3	7 + 3	6 + 1	16 - 8	11 - 3	16 - 7
8 - 7	2 + 3	8 + 1	8 + 5	7 + 8	13 - 6	4 + 2	13 - 7	4 + 5
2 + 9	5 + 3	8 + 2	17 - 9	6 - 4	13 - 9	13 - 8	10 - 3	10 - 7
14 - 6	9 - 6	3 + 3	1 + 3	9 - 4	9 + 6	3 - 2	7 - 6	8 - 6
15 - 6	11 - 6	8 - 3	5 + 1	9 - 1	9 + 9	6 - 5	11 - 2	3 + 6

8 − 5	3 − 2	17 − 9	5 + 8	8 + 5	16 − 8	7 + 7	18 − 9	4 + 8
6 + 7	8 + 2	15 − 9	10 − 5	16 − 7	7 + 5	5 + 3	6 + 1	6 − 5
5 + 6	4 − 3	4 + 7	8 − 4	2 + 3	9 + 4	3 + 6	5 − 4	8 + 8
4 + 4	12 − 3	7 + 9	6 + 5	11 − 6	6 + 2	9 − 2	3 + 2	4 + 9
9 + 8	14 − 6	14 − 8	2 + 6	7 − 4	7 + 8	13 − 8	7 − 2	9 − 5
10 − 7	4 + 6	17 − 8	12 − 8	4 + 5	15 − 8	7 + 1	7 − 3	7 + 3
10 − 3	5 + 4	6 − 4	4 + 3	11 − 9	8 − 6	8 + 3	4 − 2	4 + 2
13 − 7	1 + 7	6 + 4	7 − 5	14 − 7	12 − 9	1 + 5	6 + 8	6 − 2
13 − 5	5 + 9	14 − 9	5 − 3	5 − 2	6 + 3	2 + 8	2 + 4	1 + 8

7 − 3	5 + 1	3 + 6	2 + 4	8 + 2	16 − 9	1 + 4	2 + 8	6 + 6
6 − 4	4 − 3	2 + 9	6 + 8	17 − 9	6 + 3	3 − 2	7 + 3	16 − 8
2 + 5	9 + 4	7 + 5	11 − 6	8 + 4	11 − 8	15 − 7	2 + 2	6 + 9
5 + 4	2 + 7	12 − 6	14 − 7	4 + 3	15 − 9	1 + 1	3 + 4	11 − 4
9 + 6	2 + 6	10 − 6	13 − 9	5 + 6	10 − 3	9 + 3	12 − 9	4 + 2
1 + 5	10 − 2	8 − 2	12 − 7	8 − 4	9 − 4	15 − 8	18 − 9	15 − 6
7 + 4	3 + 2	10 − 8	1 + 8	6 − 5	5 − 3	16 − 7	7 + 6	12 − 5
4 + 4	5 − 4	8 − 6	2 + 3	5 + 8	7 + 2	3 + 5	3 + 7	5 − 2
6 + 4	1 + 2	11 − 7	4 − 2	7 − 6	8 − 5	9 − 6	5 + 2	11 − 3

6 - 2	11 - 3	6 + 3	6 - 4	11 - 4	4 - 3	16 - 9	14 - 8	8 + 5
13 - 7	10 - 6	18 - 9	2 + 7	8 - 3	2 + 2	3 + 4	4 + 8	3 + 8
7 - 6	8 + 3	15 - 7	1 + 3	4 - 2	9 - 3	8 + 4	2 + 6	15 - 6
7 + 5	10 - 7	1 + 7	12 - 6	4 + 4	9 - 7	7 + 3	7 + 7	9 - 6
14 - 7	10 - 8	12 - 4	17 - 9	9 + 1	3 + 1	5 - 4	3 + 9	6 + 2
8 + 9	14 - 9	2 + 3	5 - 3	3 + 5	15 - 8	5 - 2	6 + 5	16 - 8
8 - 6	9 + 7	4 + 5	5 + 4	5 + 7	4 + 9	11 - 6	6 + 6	8 + 8
4 + 6	7 - 4	1 + 8	9 + 6	7 + 4	12 - 8	9 - 2	8 - 2	14 - 6
11 - 2	13 - 8	6 + 8	6 + 4	14 - 5	5 + 2	3 + 6	2 + 1	8 + 1

DATE_____ START_____ FINISH_____ SCORE____

17	8	4	9	6	6	8	11	7
- 9	+ 7	+ 3	+ 2	+ 8	+ 6	- 5	- 7	+ 5

5	7	14	8	8	3	8	12	5
+ 2	- 3	- 8	- 3	+ 8	- 2	+ 6	- 3	+ 1

8	9	7	15	14	2	3	13	5
- 7	+ 3	+ 8	- 6	- 7	+ 9	+ 4	- 9	+ 3

9	4	9	7	4	5	2	6	13
- 2	+ 9	+ 7	+ 6	+ 5	+ 5	+ 1	- 5	- 6

3	12	4	1	6	13	10	2	6
+ 3	- 7	+ 2	+ 7	+ 3	- 7	- 6	+ 6	- 4

14	11	10	5	4	7	3	15	4
- 6	- 3	- 2	+ 8	+ 6	+ 4	+ 5	- 9	+ 7

16	10	6	2	12	3	7	16	6
- 8	- 4	+ 7	+ 8	- 4	+ 1	- 4	- 9	+ 2

9	10	12	4	3	6	5	11	2
+ 5	- 8	- 8	- 3	+ 7	- 3	- 3	- 5	+ 5

1	3	10	15	9	11	13	10	17
+ 9	+ 8	- 7	- 8	+ 6	- 9	- 5	- 3	- 8

17	8	14	6	17	8	13	3	3
− 9	+ 2	− 6	+ 7	− 8	− 3	− 7	+ 6	+ 5

5	3	5	16	4	5	4	7	15
− 4	− 2	+ 9	− 7	− 3	− 3	+ 9	− 5	− 6

2	3	1	8	13	7	5	11	18
+ 3	+ 2	+ 2	+ 9	− 6	+ 3	+ 3	− 5	− 9

2	7	6	8	3	9	9	15	7
+ 2	+ 2	− 5	+ 7	+ 4	+ 5	+ 8	− 8	+ 6

11	6	7	8	1	8	9	6	7
− 6	+ 9	− 3	− 5	+ 4	+ 4	+ 7	+ 3	− 4

8	16	11	10	6	6	8	7	2
− 4	− 8	− 4	− 4	− 4	+ 1	+ 1	+ 1	+ 9

14	3	14	9	2	6	11	13	2
− 7	+ 8	− 8	− 1	+ 1	+ 2	− 9	− 9	+ 4

15	7	5	4	8	5	15	12	1
− 7	+ 5	− 2	− 2	+ 5	+ 8	− 9	− 8	+ 8

5	1	6	12	9	9	6	12	9
+ 6	+ 5	+ 6	− 3	+ 3	− 5	+ 5	− 4	− 8

11 - 5	5 + 1	3 + 9	1 + 9	15 - 9	7 - 4	4 + 4	18 - 9	5 - 4
4 + 6	5 - 3	6 + 3	7 + 1	4 + 5	11 - 8	7 + 8	5 + 2	9 + 1
9 + 9	13 - 4	7 + 5	17 - 9	5 + 3	10 - 6	1 + 6	14 - 8	7 + 6
3 + 4	7 + 7	12 - 4	12 - 7	16 - 7	5 + 4	7 + 9	9 + 6	14 - 5
2 + 7	17 - 8	2 + 2	6 - 4	14 - 6	10 - 3	7 - 3	4 - 3	9 + 3
13 - 9	10 - 7	1 + 1	12 - 9	9 + 4	15 - 6	6 - 3	6 + 8	2 + 4
3 + 3	3 + 8	6 - 5	2 + 6	1 + 3	9 - 7	5 + 6	15 - 7	4 - 2
3 + 2	4 + 7	6 + 5	8 - 7	13 - 7	7 + 2	8 + 9	14 - 7	6 - 2
1 + 7	3 - 2	11 - 6	4 + 9	8 - 6	5 - 2	9 - 4	10 - 4	5 + 7

12 − 7	6 + 5	3 + 7	11 − 5	11 − 9	2 + 6	9 − 6	2 + 2	10 − 4
5 − 4	9 + 5	3 + 3	8 + 3	17 − 8	8 + 4	13 − 5	16 − 8	1 + 7
6 + 8	12 − 4	7 − 3	6 + 4	8 − 5	3 + 5	4 + 9	9 + 2	5 + 1
4 + 6	11 − 6	10 − 7	6 + 2	16 − 9	7 + 8	2 + 8	18 − 9	3 + 4
17 − 9	7 + 7	9 − 3	9 − 7	3 + 6	13 − 4	9 + 4	4 + 3	13 − 6
12 − 6	13 − 8	5 + 8	3 − 2	8 + 8	12 − 8	4 + 5	4 − 2	6 + 7
14 − 6	9 − 0	16 − 7	4 − 3	5 + 9	2 + 5	5 + 7	7 − 4	5 + 3
4 + 7	2 + 3	6 + 1	6 − 4	2 + 7	3 + 8	9 − 1	5 − 2	7 + 5
11 − 7	9 − 5	11 − 8	5 + 5	7 − 5	7 − 2	7 − 6	8 + 9	8 + 5

7 - 3	17 - 9	5 + 4	7 + 7	8 - 7	8 - 5	9 + 4	3 + 5	1 + 1
12 - 7	9 + 8	4 + 7	3 - 2	9 + 6	7 + 6	5 - 3	6 + 2	5 + 6
2 + 5	18 - 9	7 - 5	1 + 7	7 + 3	15 - 8	2 + 2	3 + 8	12 - 5
7 + 2	4 - 3	3 + 2	7 - 2	3 + 3	7 + 4	4 + 5	8 - 2	8 + 4
5 + 2	15 - 6	11 - 5	14 - 7	5 + 8	6 + 9	11 - 9	6 + 4	15 - 7
6 - 3	8 + 7	16 - 8	6 - 5	1 + 8	6 + 6	4 + 8	2 + 7	6 - 4
1 + 4	9 + 3	16 - 9	14 - 6	17 - 8	8 + 8	5 - 4	9 - 0	5 + 3
9 - 7	1 + 6	7 + 8	12 - 9	14 - 9	13 - 6	12 - 8	2 + 9	12 - 3
9 - 1	2 + 1	11 - 7	14 - 8	7 - 6	1 + 5	13 - 5	13 - 7	2 + 6

12 - 5	8 - 3	4 + 8	17 - 8	6 + 1	13 - 9	6 - 3	8 - 4	3 + 5
16 - 7	7 + 5	7 - 5	8 - 6	9 - 4	3 + 8	6 + 3	6 + 8	17 - 9
7 + 4	10 - 4	5 + 7	8 + 4	5 + 5	13 - 8	7 + 3	3 - 2	7 + 2
4 - 3	5 + 3	4 + 3	5 + 4	9 + 8	5 + 6	6 + 4	5 + 2	7 - 4
12 - 3	11 - 3	11 - 6	7 + 6	3 + 6	2 + 6	1 + 7	11 - 4	10 - 8
4 + 4	5 - 2	4 + 6	14 - 6	6 - 4	1 + 4	4 + 2	2 + 5	18 - 9
2 + 1	4 + 7	15 - 9	14 - 9	10 - 1	3 + 1	15 - 7	3 + 2	2 + 7
7 + 1	2 + 3	7 - 6	3 + 4	15 - 8	9 + 4	14 - 7	7 - 3	12 - 6
5 - 4	14 - 8	11 - 9	4 + 9	13 - 7	4 + 5	2 + 8	4 - 2	13 - 6

14	3	17	5	4	5	5	11	16
- 8	+ 2	- 8	+ 4	- 3	- 3	+ 3	- 6	- 9

6	4	8	9	3	1	4	3	6
- 4	+ 3	- 2	+ 5	+ 4	+ 7	+ 2	+ 6	+ 8

7	7	7	9	16	6	10	12	2
+ 4	+ 1	+ 5	+ 9	- 8	+ 1	- 2	- 5	+ 2

7	15	6	4	2	11	13	4	5
+ 7	- 7	+ 7	+ 5	+ 8	- 8	- 6	+ 4	- 4

6	3	5	8	15	18	8	12	8
- 5	+ 1	+ 5	- 5	- 9	- 9	+ 3	- 7	- 4

10	6	10	9	9	8	17	13	8
- 6	+ 4	- 3	+ 7	+ 8	- 6	- 9	- 4	+ 8

13	10	6	6	5	9	2	12	9
- 8	- 4	+ 2	+ 6	+ 7	- 7	+ 4	- 8	- 2

12	9	16	7	2	3	8	11	10
- 3	+ 4	- 7	+ 6	+ 7	+ 5	+ 9	- 3	- 8

5	15	5	7	9	1	12	7	14
+ 6	- 6	+ 2	+ 3	- 6	+ 6	- 6	- 6	- 7

5 + 5	8 + 3	4 + 2	17 - 8	10 - 9	12 - 7	4 - 3	6 + 8	7 - 3
5 + 8	2 + 4	5 + 2	4 + 9	12 - 4	15 - 8	8 + 5	14 - 6	12 - 8
4 - 2	16 - 9	8 - 6	4 + 5	6 + 7	7 + 5	9 - 8	10 - 1	7 - 5
17 - 9	6 + 6	10 - 5	6 - 2	13 - 5	4 + 1	12 - 5	5 - 3	5 - 4
3 + 7	5 + 6	5 + 7	8 - 2	12 - 3	8 + 6	4 + 4	7 - 6	11 - 6
8 + 4	6 - 3	4 + 3	2 + 2	4 + 8	13 - 6	6 - 5	8 + 8	7 + 6
5 + 9	6 - 4	8 + 2	6 + 4	14 - 5	7 + 7	6 + 5	7 + 1	1 + 4
13 - 7	16 - 8	2 + 7	10 - 4	2 + 5	7 - 2	8 + 7	1 + 5	11 - 7
8 + 9	3 + 6	15 - 7	8 - 3	8 - 7	3 + 9	2 + 3	15 - 6	9 + 5

6 + 3	2 + 2	16 - 7	8 + 9	6 + 2	3 - 2	8 - 3	14 - 9	5 - 3
2 + 4	9 + 6	3 + 1	6 + 6	10 - 3	2 + 7	6 - 4	5 - 4	4 + 7
10 - 4	8 - 6	1 + 3	6 - 3	11 - 5	13 - 7	4 - 3	2 + 3	15 - 8
12 - 6	8 + 8	12 - 5	7 - 5	15 - 7	1 + 6	7 + 1	18 - 9	3 + 6
8 + 5	6 + 1	15 - 6	2 + 5	12 - 8	9 + 4	14 - 5	5 + 5	8 + 1
5 + 7	5 + 8	2 + 8	1 + 4	10 - 5	5 + 9	17 - 9	9 - 2	9 + 2
6 + 8	8 + 6	10 - 8	16 - 8	4 + 2	7 + 4	17 - 8	9 - 8	9 - 7
1 + 1	6 + 4	14 - 8	8 - 7	14 - 7	2 + 9	5 + 2	4 + 5	13 - 6
6 - 5	10 - 2	8 - 4	11 - 4	7 + 3	7 - 3	1 + 8	4 + 4	7 + 9

17 - 8	2 + 7	9 + 1	18 - 9	9 + 6	9 + 2	2 + 6	14 - 6	5 + 8
8 - 2	7 + 9	15 - 6	14 - 5	16 - 8	3 + 7	8 + 8	5 + 2	5 + 6
9 + 5	3 + 4	7 + 1	7 - 4	6 + 3	4 - 3	3 - 2	8 + 5	10 - 7
4 + 8	4 + 3	5 - 2	8 - 7	3 + 9	8 + 1	7 - 3	7 + 5	8 + 6
5 - 4	3 + 6	6 + 2	6 - 5	11 - 8	8 - 3	8 - 5	3 + 3	10 - 8
9 - 5	2 + 4	7 - 5	6 - 3	17 - 9	4 + 6	4 + 2	14 - 9	15 - 9
12 - 4	2 + 8	5 - 3	11 - 5	2 + 3	9 - 6	15 - 8	8 + 9	7 + 3
5 + 9	2 + 9	6 - 4	13 - 8	1 + 6	7 + 7	9 - 2	2 + 2	13 - 6
6 + 5	12 - 7	5 + 7	5 + 3	14 - 8	13 - 7	9 - 1	10 - 1	6 + 7

12 − 9	6 + 6	13 − 6	8 − 3	4 + 5	3 + 5	8 − 2	3 − 2	13 − 9
1 + 2	7 + 5	5 + 6	5 + 4	3 + 2	4 − 3	7 − 4	2 + 6	9 + 8
8 − 6	7 + 6	15 − 9	4 − 2	6 + 4	17 − 9	9 + 3	6 − 5	9 − 8
8 − 4	5 + 8	4 + 8	2 + 5	9 + 7	18 − 9	10 − 6	2 + 2	12 − 4
14 − 6	9 − 0	4 + 3	12 − 8	12 − 5	16 − 7	6 + 2	4 + 4	7 − 5
6 + 7	7 + 3	8 − 5	1 + 5	2 + 8	14 − 9	15 − 7	6 + 5	3 + 6
7 + 4	5 + 5	5 − 3	6 + 3	13 − 4	16 − 9	2 + 7	9 − 3	9 + 5
12 − 6	11 − 4	4 + 6	7 − 2	7 − 3	2 + 9	9 − 2	4 + 1	10 − 1
16 − 8	3 + 7	9 − 1	3 + 1	1 + 8	2 + 1	3 + 3	8 + 7	5 − 4

8 + 2	14 - 7	9 + 7	8 + 8	12 - 6	6 - 3	8 - 3	1 + 5	1 + 4
15 - 7	18 - 9	4 + 5	7 + 2	8 - 6	7 - 4	7 - 6	4 + 2	9 - 3
2 + 8	10 - 5	4 - 3	4 + 3	9 - 6	17 - 9	1 + 7	5 + 8	2 + 4
1 + 6	5 + 3	9 + 4	4 + 1	5 - 3	16 - 9	7 - 3	16 - 7	9 + 8
3 + 7	6 + 1	6 + 9	3 + 2	4 + 9	11 - 5	6 + 5	6 + 2	10 - 4
15 - 8	8 + 7	7 + 7	8 - 5	5 + 4	6 - 5	8 + 1	11 - 8	17 - 8
11 - 4	9 - 1	6 + 4	8 + 5	14 - 8	15 - 6	9 + 3	2 + 5	3 + 8
1 + 3	16 - 8	11 - 3	3 - 2	13 - 9	6 - 4	10 - 3	3 + 6	6 + 3
9 - 2	3 + 3	4 + 6	2 + 2	7 + 1	8 - 2	12 - 9	13 - 4	12 - 7

12 - 6	3 - 2	7 + 9	1 + 6	4 + 4	14 - 7	7 - 3	12 - 9	7 - 6
6 + 3	3 + 3	6 + 4	5 + 3	2 + 7	4 + 5	8 + 3	10 - 4	2 + 6
3 + 5	8 - 7	14 - 9	6 + 9	9 + 6	5 + 4	3 + 2	1 + 8	3 + 7
13 - 5	7 + 7	9 + 3	7 + 5	9 - 1	6 - 3	10 - 2	4 + 7	15 - 6
11 - 8	15 - 8	8 + 5	18 - 9	5 + 2	6 + 5	17 - 9	5 - 4	1 + 4
4 + 9	7 - 2	7 + 8	9 - 5	14 - 6	9 + 4	13 - 4	9 + 5	5 + 6
5 - 3	8 + 7	10 - 6	16 - 8	2 + 8	15 - 7	14 - 5	16 - 9	13 - 6
14 - 8	7 + 4	4 - 3	17 - 8	6 - 5	6 + 8	4 + 6	4 + 2	10 - 3
8 - 5	1 + 3	12 - 3	7 + 6	11 - 5	5 + 8	15 - 9	9 - 3	6 + 6

15 − 7	3 + 6	10 − 1	2 + 4	6 − 2	16 − 7	2 + 1	5 + 5	12 − 7
9 + 6	6 + 3	2 + 8	5 + 6	4 + 6	4 − 3	4 + 9	5 + 2	12 − 4
8 − 5	1 + 1	3 − 2	17 − 8	1 + 9	2 + 6	3 + 7	7 − 5	1 + 7
4 − 2	6 − 4	5 + 8	7 + 7	6 + 5	14 − 7	5 + 7	7 + 6	2 + 2
17 − 9	6 − 3	15 − 8	11 − 8	13 − 4	14 − 9	16 − 8	3 + 8	9 + 5
9 + 2	1 + 3	2 + 9	8 − 2	4 + 2	13 − 7	15 − 6	4 + 4	4 + 8
18 − 9	7 − 4	10 − 3	9 − 8	3 + 4	8 + 7	10 − 7	8 + 8	8 − 4
6 − 5	6 + 7	12 − 5	13 − 5	7 + 9	5 − 2	10 − 5	14 − 8	7 + 3
10 − 2	14 − 5	4 + 1	14 − 6	6 + 1	4 + 7	9 + 3	11 − 4	1 + 2

16 − 9	7 + 8	7 + 3	9 + 7	2 + 4	14 − 7	2 + 3	5 + 2	3 + 4
7 − 6	8 + 3	9 − 2	4 + 5	1 + 3	12 − 3	8 − 7	10 − 8	8 − 6
11 − 8	1 + 7	5 + 8	3 + 9	8 + 4	4 − 3	3 − 2	5 + 6	7 + 6
5 + 5	7 + 5	15 − 8	6 − 3	14 − 8	7 − 2	4 − 2	12 − 9	6 + 9
3 + 7	10 − 7	18 − 9	2 + 7	6 − 4	1 + 5	15 − 7	12 − 6	11 − 3
17 − 8	2 + 5	4 + 9	7 + 4	2 + 9	13 − 7	13 − 5	4 + 8	17 − 9
11 − 4	14 − 5	12 − 5	8 − 5	1 + 9	9 − 4	8 + 8	9 + 5	5 + 9
11 − 5	6 + 3	16 − 8	10 − 2	6 + 5	6 − 5	3 + 3	6 + 2	8 + 6
9 + 2	8 + 2	16 − 7	9 − 3	4 + 7	9 + 3	1 + 8	5 − 4	14 − 6

5 + 4	6 + 7	15 - 9	9 + 4	4 + 8	7 - 6	8 + 2	5 - 4	6 + 2
7 + 8	12 - 3	7 - 4	13 - 6	16 - 9	3 - 2	12 - 4	9 - 2	10 - 5
3 + 5	12 - 8	15 - 8	17 - 8	8 - 7	4 + 2	18 - 9	13 - 8	3 + 6
7 + 7	17 - 9	1 + 3	8 + 4	5 + 7	6 + 3	12 - 6	6 + 5	3 + 1
6 + 8	8 - 6	6 - 3	9 + 7	1 + 2	5 + 2	8 + 7	9 - 5	11 - 3
11 - 4	5 + 3	8 + 5	12 - 5	2 + 7	13 - 7	2 + 3	3 + 2	5 + 6
15 - 6	3 + 4	11 - 8	8 + 1	9 - 7	3 + 3	2 + 8	8 - 3	5 - 3
6 + 4	2 + 2	8 - 4	8 + 8	5 - 2	7 + 1	16 - 8	6 - 5	11 - 2
7 + 5	1 + 6	2 + 9	14 - 8	2 + 4	9 + 1	10 - 3	4 - 3	11 - 9

9 - 7	13 - 5	14 - 7	5 + 9	4 + 1	8 + 6	6 + 2	6 + 8	5 + 1
3 + 3	4 - 2	6 - 3	4 + 7	3 + 9	9 + 3	10 - 7	17 - 9	11 - 5
6 + 7	10 - 6	10 - 2	4 + 4	8 + 5	7 - 4	8 - 3	16 - 7	8 + 3
13 - 9	16 - 9	2 + 5	7 + 5	18 - 9	7 + 6	8 + 7	16 - 8	5 + 7
7 + 2	12 - 8	5 - 3	6 + 5	15 - 7	6 - 5	6 - 4	2 + 8	9 + 4
4 + 6	8 - 5	17 - 8	8 - 4	9 - 2	5 - 2	7 - 3	9 + 7	6 + 9
7 - 2	2 + 4	8 + 4	3 + 1	9 - 6	4 - 3	4 + 5	6 + 1	3 + 8
6 + 4	15 - 8	4 + 8	1 + 2	15 - 6	7 + 9	12 - 6	13 - 7	11 - 9
11 - 3	5 + 8	4 + 2	6 + 3	1 + 3	3 - 2	9 + 8	6 - 2	8 - 7

17 - 8	9 - 2	7 - 3	3 - 2	13 - 8	5 + 6	6 - 3	4 - 2	11 - 2
9 + 4	7 + 3	15 - 7	5 + 3	6 + 7	10 - 6	16 - 7	5 + 8	4 + 3
8 + 5	5 + 1	7 + 4	8 - 4	15 - 8	11 - 9	8 + 7	5 - 3	3 + 2
4 - 3	6 + 6	1 + 7	14 - 8	13 - 7	17 - 9	7 + 5	15 - 9	4 + 9
14 - 6	3 + 1	1 + 2	9 - 1	9 + 2	10 - 5	7 + 8	16 - 8	9 + 5
13 - 9	8 - 7	4 + 8	5 + 7	7 + 9	6 + 8	3 + 8	8 + 2	5 + 4
1 + 8	2 + 6	6 + 1	1 + 3	18 - 9	12 - 4	8 - 6	2 + 2	5 - 2
5 + 5	11 - 8	10 - 7	7 - 6	14 - 9	6 + 3	5 - 4	11 - 7	7 - 5
9 + 8	1 + 5	6 + 2	12 - 5	7 + 7	10 - 4	2 + 4	3 + 3	7 - 4

14 - 8	3 + 8	3 - 2	8 + 8	8 + 4	11 - 3	4 - 2	4 + 9	3 + 6
6 + 7	2 + 9	11 - 8	7 + 4	4 + 3	12 - 5	7 + 6	7 - 6	7 + 9
2 + 4	7 + 3	9 + 1	12 - 6	6 - 3	14 - 7	12 - 4	3 + 3	1 + 7
7 + 8	3 + 2	2 + 7	8 - 7	6 + 6	7 + 2	18 - 9	12 - 7	9 + 5
8 + 5	7 - 3	9 - 1	5 + 4	3 + 1	4 - 3	4 + 4	11 - 7	10 - 8
6 - 2	3 + 7	13 - 5	2 + 3	2 + 8	16 - 9	13 - 7	15 - 9	13 - 6
4 + 5	6 + 5	13 - 9	9 - 3	8 + 7	4 + 2	2 + 6	3 + 4	4 + 8
5 - 3	15 - 7	16 - 8	17 - 9	10 - 3	8 - 3	1 + 8	8 - 5	10 - 5
13 - 8	5 + 5	6 - 4	10 - 9	7 + 1	1 + 4	17 - 8	5 - 4	8 + 6

14 − 5	5 + 7	8 + 3	4 + 9	11 − 3	4 + 4	9 + 4	13 − 6	7 − 5
17 − 9	3 + 9	7 − 4	4 + 1	5 − 2	13 − 5	5 + 9	6 + 7	2 + 5
3 + 5	11 − 7	4 − 3	7 + 2	6 + 2	7 + 1	5 + 6	4 − 2	4 + 5
18 − 9	8 − 3	13 − 8	2 + 8	12 − 8	11 − 6	8 + 5	9 + 5	11 − 5
13 − 7	6 − 4	12 − 7	2 + 2	8 + 4	12 − 6	8 + 8	16 − 7	2 + 6
17 − 8	3 + 2	5 − 4	7 + 7	1 + 2	9 + 7	5 + 3	3 + 3	8 − 7
14 − 6	13 − 4	7 + 4	9 + 8	5 − 3	2 + 1	9 − 4	6 + 1	10 − 5
6 + 9	12 − 4	5 + 8	14 − 9	8 + 6	14 − 8	15 − 8	4 + 7	15 − 9
11 − 8	8 − 4	16 − 8	5 + 5	6 − 3	7 + 6	3 − 2	9 + 6	7 + 5

9 + 5	4 - 2	2 + 5	16 - 8	10 - 7	5 + 1	2 + 3	3 - 2	1 + 9
3 + 8	11 - 7	6 - 5	4 + 2	9 - 3	15 - 6	10 - 6	11 - 6	3 + 5
11 - 3	9 + 3	4 - 3	5 + 5	14 - 8	11 - 8	8 - 4	2 + 7	8 + 3
17 - 9	7 + 4	6 + 2	3 + 4	15 - 7	6 + 4	7 + 2	7 + 7	6 + 8
6 + 6	12 - 6	2 + 6	8 + 7	4 + 4	9 - 8	3 + 9	9 - 5	9 - 7
3 + 3	7 + 3	13 - 7	4 + 9	8 - 5	9 + 7	17 - 8	5 - 4	10 - 5
8 + 6	7 + 6	15 - 9	3 + 2	9 - 6	1 + 8	14 - 6	5 - 3	10 - 4
5 + 8	14 - 9	14 - 5	13 - 8	1 + 4	5 + 6	6 - 3	12 - 9	12 - 4
5 + 3	12 - 8	1 + 3	7 + 5	7 + 8	6 - 4	15 - 8	6 + 1	1 + 6

4 + 6	5 + 9	11 - 7	11 - 6	3 + 2	12 - 4	5 - 4	13 - 7	13 - 6
4 + 4	7 + 8	13 - 5	3 - 2	8 - 3	2 + 5	12 - 6	2 + 7	9 - 8
3 + 1	1 + 6	10 - 3	8 - 7	11 - 4	8 - 4	3 + 5	6 - 5	4 + 3
5 + 4	16 - 9	6 - 2	4 + 1	4 + 8	1 + 2	4 - 3	8 + 4	8 + 3
8 + 9	7 + 9	4 + 7	10 - 6	7 + 2	9 - 2	3 + 7	7 + 7	7 - 3
2 + 1	6 + 3	7 + 5	6 + 8	14 - 6	8 + 1	8 + 8	7 - 6	7 + 3
15 - 7	2 + 6	18 - 9	5 + 1	6 + 5	12 - 7	3 + 8	7 - 4	4 + 5
2 + 8	14 - 7	17 - 8	5 - 3	16 - 8	6 - 3	5 + 8	5 - 2	12 - 8
4 - 2	10 - 7	6 + 7	1 + 8	17 - 9	9 + 3	11 - 5	9 - 0	8 + 5

4 + 7	14 - 5	4 + 5	7 + 3	6 + 8	13 - 6	8 + 4	6 - 3	5 + 6
2 + 2	9 + 5	13 - 5	4 + 6	3 + 4	18 - 9	9 + 3	2 + 1	3 + 2
8 + 1	9 + 4	1 + 8	3 + 5	6 + 4	17 - 9	14 - 7	4 - 3	8 - 2
10 - 1	9 + 8	6 - 2	8 + 9	3 + 6	4 + 2	10 - 8	14 - 9	10 - 6
2 + 4	11 - 8	16 - 7	8 + 2	13 - 7	6 + 7	5 + 4	2 + 6	7 - 6
9 - 3	7 + 6	3 + 3	11 - 6	4 + 9	4 - 2	13 - 4	12 - 7	3 - 2
2 + 7	6 + 3	15 - 8	8 + 3	11 - 2	6 - 5	6 + 9	12 - 9	6 + 5
15 - 9	15 - 6	12 - 4	15 - 7	16 - 8	10 - 7	8 - 7	7 - 2	3 + 7
17 - 8	10 - 2	5 + 3	6 + 6	8 + 8	7 + 7	16 - 9	11 - 5	2 + 3

17 − 8	2 + 8	16 − 8	3 + 7	13 − 9	11 − 7	18 − 9	3 − 2	2 + 6
10 − 9	2 + 7	2 + 3	6 + 2	4 + 1	7 + 9	3 + 9	4 + 9	4 + 4
3 + 8	7 + 6	14 − 5	7 + 3	7 − 5	8 + 5	4 + 3	3 + 3	13 − 8
6 − 2	12 − 8	6 − 4	5 + 8	4 − 3	13 − 4	11 − 8	6 + 5	7 − 4
6 − 3	7 + 8	8 − 7	8 + 6	15 − 7	5 + 6	15 − 6	5 + 4	16 − 7
13 − 5	9 + 7	6 + 4	15 − 8	13 − 6	9 − 8	8 − 4	1 + 5	12 − 3
4 − 2	9 − 2	7 − 6	3 + 2	1 + 8	4 + 2	9 − 6	8 − 2	8 − 5
6 + 8	4 + 5	7 − 2	6 + 7	7 + 2	2 + 2	12 − 7	9 + 9	11 − 3
14 − 6	12 − 5	9 + 4	8 + 7	5 + 3	3 + 6	6 + 6	9 + 5	16 − 9

4 + 5	9 - 5	6 + 3	7 - 4	7 + 6	7 - 5	7 - 2	7 + 7	1 + 5
9 + 6	7 + 9	2 + 2	11 - 8	2 + 1	7 + 4	2 + 7	3 + 7	10 - 7
1 + 3	2 + 6	5 - 3	7 - 6	1 + 6	3 + 5	3 + 3	12 - 8	17 - 9
14 - 7	12 - 9	8 - 3	3 + 4	8 - 7	14 - 6	6 - 5	4 + 6	11 - 2
14 - 8	9 - 2	6 + 4	2 + 5	5 + 4	9 - 7	9 + 5	8 + 8	3 + 8
3 - 2	5 + 2	16 - 9	6 - 4	5 + 6	9 + 7	17 - 8	2 + 8	8 - 6
4 - 3	13 - 8	6 + 5	13 - 5	7 + 1	9 - 6	13 - 7	2 + 4	6 - 3
16 - 7	12 - 4	15 - 7	16 - 8	8 + 3	12 - 7	8 - 5	4 + 3	8 + 9
4 + 4	8 - 4	10 - 8	8 + 1	7 + 2	6 + 6	6 + 7	11 - 5	6 + 9

5 + 9	15 - 8	4 + 8	4 + 4	4 + 5	6 + 5	12 - 7	5 - 4	5 - 3
14 - 6	9 + 5	4 + 9	8 - 4	4 - 2	5 + 1	3 + 5	4 + 6	2 + 6
7 + 3	10 - 7	11 - 5	1 + 3	6 + 8	3 + 6	2 + 3	8 - 7	15 - 9
13 - 7	6 + 7	8 + 7	5 + 6	15 - 7	14 - 7	6 + 2	4 + 3	7 - 4
17 - 8	2 + 5	7 + 8	6 - 4	5 + 7	5 + 3	4 + 7	9 - 6	3 + 7
7 + 6	6 - 5	12 - 9	8 + 6	13 - 5	14 - 9	9 - 7	2 + 7	7 - 3
10 - 3	6 - 3	8 + 3	10 - 6	8 - 6	13 - 8	14 - 8	6 - 2	3 + 9
16 - 8	16 - 7	7 + 7	2 + 2	2 + 4	8 + 5	14 - 5	12 - 4	1 + 8
4 - 3	10 - 8	8 + 2	8 - 3	17 - 9	10 - 5	5 + 4	1 + 7	1 + 1

13 - 5	10 - 5	11 - 3	11 - 9	8 + 8	3 + 5	9 - 6	7 - 6	3 + 8
16 - 8	6 + 1	7 + 6	5 - 4	12 - 5	3 + 1	6 + 5	4 - 2	4 + 2
5 + 5	17 - 9	3 + 2	3 - 2	4 + 8	5 + 8	7 + 3	7 + 9	5 + 2
9 - 4	6 + 4	7 - 2	8 + 7	7 + 4	8 + 2	8 - 3	4 + 9	12 - 6
12 - 8	2 + 8	10 - 6	7 - 4	4 - 3	11 - 7	7 + 7	2 + 3	15 - 8
5 + 4	6 + 2	12 - 3	6 - 2	2 + 2	9 - 0	2 + 1	4 + 4	7 + 1
9 - 2	6 - 3	14 - 8	7 - 5	13 - 8	1 + 6	16 - 9	13 - 7	8 - 7
6 + 6	9 - 7	8 + 4	5 + 3	7 + 5	2 + 9	2 + 5	8 - 4	5 + 1
3 + 7	1 + 8	14 - 9	8 - 5	2 + 7	7 - 3	6 - 4	4 + 5	5 - 3

2 + 4	2 + 9	3 + 6	14 - 6	1 + 7	2 + 6	10 - 3	3 + 7	9 + 9
9 - 2	16 - 7	15 - 6	11 - 3	5 + 4	5 - 2	9 - 4	5 + 7	8 - 7
8 + 3	2 + 7	6 + 1	7 + 5	3 + 2	6 - 3	8 + 7	10 - 1	16 - 9
6 - 5	1 + 9	11 - 8	13 - 6	2 + 3	6 + 7	4 + 3	11 - 5	1 + 3
3 + 3	8 + 2	4 - 3	7 + 1	8 + 8	18 - 9	8 + 5	8 - 5	16 - 8
4 + 9	8 - 4	5 - 4	6 + 9	7 - 4	7 + 7	17 - 8	5 + 3	10 - 2
3 - 2	9 + 2	9 + 8	12 - 6	12 - 9	11 - 9	2 + 5	7 - 6	3 + 1
1 + 5	4 + 6	8 + 4	9 - 0	4 - 2	7 + 8	3 + 9	14 - 9	6 + 5
14 - 8	10 - 6	11 - 6	6 - 4	6 - 2	6 + 4	11 - 2	13 - 5	3 + 4

| 15 | 5 | 9 | 10 | 16 | 6 | 3 | 7 | 6 |
| - 7 | + 8 | + 7 | - 8 | - 9 | + 1 | + 8 | - 3 | + 3 |

| 10 | 4 | 3 | 7 | 1 | 5 | 8 | 5 | 5 |
| - 2 | + 6 | - 2 | + 3 | + 8 | + 2 | - 5 | + 9 | + 5 |

| 10 | 9 | 6 | 7 | 8 | 2 | 9 | 17 | 18 |
| - 5 | + 3 | - 5 | - 5 | + 8 | + 4 | - 7 | - 9 | - 9 |

| 1 | 6 | 16 | 3 | 4 | 17 | 7 | 3 | 6 |
| + 4 | - 3 | - 8 | + 4 | - 2 | - 8 | + 5 | + 6 | + 4 |

| 4 | 8 | 6 | 16 | 1 | 4 | 10 | 6 | 4 |
| - 3 | + 9 | + 2 | - 7 | + 5 | + 4 | - 3 | - 4 | + 3 |

| 3 | 8 | 8 | 8 | 7 | 12 | 2 | 15 | 1 |
| + 2 | - 2 | + 7 | + 6 | - 4 | - 4 | + 5 | - 8 | + 9 |

| 13 | 10 | 4 | 7 | 12 | 6 | 5 | 11 | 15 |
| - 5 | - 4 | + 2 | + 1 | - 5 | + 7 | - 4 | - 3 | - 9 |

| 8 | 5 | 7 | 4 | 14 | 14 | 2 | 8 | 9 |
| + 4 | - 3 | - 2 | + 7 | - 7 | - 8 | + 2 | - 6 | - 1 |

| 6 | 9 | 7 | 8 | 5 | 7 | 2 | 11 | 3 |
| + 6 | - 8 | + 6 | - 3 | + 4 | + 4 | + 8 | - 2 | + 5 |

8 + 8	5 + 4	3 + 2	9 - 1	3 - 2	4 + 2	7 - 3	15 - 7	6 + 2
14 - 7	9 + 5	8 - 6	7 + 9	12 - 6	4 + 1	10 - 2	7 - 4	12 - 9
6 + 5	1 + 8	7 + 2	11 - 2	17 - 8	5 - 4	8 + 3	5 + 3	14 - 9
2 + 1	1 + 7	16 - 8	1 + 6	3 + 1	2 + 6	12 - 8	8 + 2	6 - 4
8 + 5	7 + 6	8 - 3	2 + 3	6 + 3	7 + 3	5 - 3	4 - 2	3 + 4
6 + 6	6 - 2	9 + 9	4 + 5	8 + 7	9 + 8	3 + 7	12 - 7	4 + 9
10 - 3	5 + 8	17 - 9	5 - 2	7 - 6	3 + 8	4 - 3	14 - 5	9 - 7
13 - 4	8 - 2	12 - 5	8 - 7	8 + 9	14 - 6	9 + 2	6 + 8	6 + 7
13 - 8	13 - 5	9 - 2	13 - 6	5 + 7	9 + 6	4 + 4	11 - 3	15 - 6

8 - 4	2 + 5	8 + 1	6 - 3	12 - 5	5 + 5	7 + 7	6 + 3	2 + 3
9 + 8	3 - 2	3 + 3	14 - 6	4 + 4	7 - 5	7 + 3	5 + 7	8 + 2
4 + 8	10 - 7	5 + 6	7 - 2	13 - 6	6 - 4	14 - 8	11 - 8	4 + 9
8 - 3	18 - 9	9 + 4	6 + 1	17 - 9	7 + 1	6 + 2	9 + 5	7 + 4
14 - 9	6 + 6	13 - 5	4 - 2	17 - 8	2 + 2	4 - 3	9 - 3	2 + 4
12 - 8	5 - 3	2 + 7	16 - 9	7 + 6	3 + 2	8 + 3	7 + 9	9 - 5
8 + 8	7 - 6	8 - 7	6 + 7	13 - 8	2 + 8	12 - 6	15 - 6	5 + 3
1 + 6	13 - 4	14 - 7	5 - 2	11 - 7	8 + 7	10 - 5	9 + 9	9 - 1
11 - 5	3 + 9	12 - 7	9 + 7	4 + 7	11 - 6	2 + 6	6 - 2	3 + 7

5 − 4	17 − 9	14 − 7	8 + 4	7 − 3	18 − 9	11 − 2	5 + 3	7 + 9
12 − 7	7 + 7	8 + 2	6 − 3	5 + 8	6 − 5	4 − 3	14 − 5	8 − 2
6 − 4	6 + 3	5 + 5	8 − 3	2 + 7	15 − 7	2 + 3	10 − 8	5 + 6
4 + 4	3 + 5	16 − 7	10 − 7	13 − 4	7 + 4	13 − 9	16 − 9	1 + 3
7 + 1	6 + 4	5 − 3	4 + 1	5 + 4	4 + 5	3 + 8	4 + 8	3 − 2
14 − 6	12 − 9	3 + 7	11 − 3	6 + 6	10 − 4	8 + 8	5 + 7	5 + 2
8 + 5	12 − 6	17 − 8	7 + 2	16 − 8	4 − 2	9 + 2	2 + 6	2 + 8
3 + 3	6 + 2	8 − 5	5 + 9	12 − 4	13 − 6	8 + 3	7 − 4	6 + 8
2 + 2	8 + 7	9 − 2	3 + 9	9 − 3	7 + 3	10 − 1	9 − 7	15 − 8

15 − 7	5 + 3	6 + 8	16 − 9	7 + 8	8 + 4	14 − 6	8 + 3	9 + 2
4 + 9	10 − 2	4 + 7	17 − 8	5 + 5	9 − 3	12 − 8	8 − 2	6 − 4
9 + 6	1 + 4	7 − 6	12 − 5	2 + 7	4 − 2	5 − 4	4 + 4	13 − 8
7 + 2	10 − 8	8 − 6	4 − 3	8 − 4	18 − 9	8 + 2	11 − 5	5 + 1
10 − 7	8 + 1	4 + 2	7 + 4	11 − 8	5 + 9	6 + 2	2 + 4	3 + 6
3 + 1	2 + 8	5 + 7	10 − 6	7 − 4	4 + 5	6 − 3	3 + 8	6 − 2
8 + 6	3 + 4	5 − 3	12 − 7	8 − 3	1 + 5	15 − 6	3 − 2	6 − 5
2 + 6	7 − 3	16 − 7	7 + 5	16 − 8	9 − 7	6 + 9	9 + 9	15 − 8
7 − 5	8 + 7	13 − 5	11 − 7	6 + 1	7 + 6	6 + 6	4 + 1	5 + 8

6 - 4	17 - 8	1 + 2	8 + 3	5 + 9	8 + 6	7 + 3	3 - 2	5 + 4
2 + 6	8 + 5	7 - 5	14 - 9	6 + 6	9 - 3	1 + 7	9 - 8	8 + 4
6 + 7	8 + 8	14 - 5	14 - 6	6 - 3	2 + 3	7 - 6	18 - 9	9 + 8
4 + 5	3 + 9	9 + 1	7 + 2	8 - 4	10 - 2	16 - 8	10 - 1	1 + 6
4 + 1	8 - 3	3 + 2	3 + 5	14 - 8	2 + 4	7 - 4	5 + 5	15 - 9
5 - 4	13 - 4	7 + 1	3 + 4	11 - 4	4 + 6	8 - 7	6 + 9	5 + 3
6 + 3	9 - 2	2 + 8	10 - 9	8 + 1	8 - 6	8 + 7	12 - 6	11 - 8
9 - 7	9 - 1	6 - 5	4 - 3	7 + 7	10 - 6	15 - 8	6 + 8	3 + 8
12 - 8	16 - 9	9 + 6	9 + 5	9 + 3	5 + 8	12 - 7	15 - 7	11 - 7

3 + 6	14 - 8	12 - 4	11 - 2	13 - 6	8 - 4	7 + 2	3 + 2	7 - 3
6 + 2	14 - 9	10 - 9	11 - 8	11 - 6	4 - 3	15 - 9	11 - 5	7 - 4
12 - 5	6 + 1	7 + 5	5 - 4	3 + 7	2 + 7	10 - 1	6 + 6	12 - 8
13 - 5	6 - 5	9 - 8	3 - 2	18 - 9	1 + 9	4 + 7	5 + 7	3 + 3
9 + 4	5 - 2	4 + 6	4 + 5	4 + 9	2 + 5	11 - 4	8 - 2	7 + 3
9 + 1	10 - 5	3 + 1	5 + 5	15 - 8	17 - 8	6 - 3	8 + 4	2 + 3
9 - 4	7 - 6	14 - 5	3 + 5	16 - 7	13 - 9	2 + 6	7 + 9	8 - 5
5 + 4	1 + 6	3 + 4	4 + 2	3 + 9	1 + 8	11 - 7	4 + 8	6 + 3
12 - 6	1 + 3	14 - 7	6 + 7	5 + 2	15 - 7	8 + 5	2 + 8	6 + 9

4 - 3	11 - 5	3 + 7	7 + 3	6 + 1	7 + 4	8 - 3	7 + 8	1 + 3
6 + 4	3 - 2	18 - 9	7 - 5	5 + 4	13 - 8	2 + 7	8 - 6	5 + 3
17 - 9	6 + 6	14 - 9	5 + 7	2 + 8	16 - 7	8 + 7	7 + 7	14 - 5
5 + 2	3 + 5	4 - 2	11 - 9	3 + 3	6 - 4	15 - 7	1 + 4	9 - 4
16 - 9	9 - 3	3 + 1	8 + 1	7 - 4	9 + 6	1 + 6	4 + 2	9 - 0
10 - 4	14 - 8	13 - 6	6 + 9	16 - 8	3 + 2	7 + 5	12 - 8	5 + 8
5 - 3	2 + 1	15 - 8	4 + 8	9 + 2	4 + 7	9 + 5	8 + 3	7 + 2
14 - 7	12 - 5	12 - 7	4 + 4	12 - 4	12 - 6	9 - 5	5 + 5	5 - 4
13 - 4	6 - 3	17 - 8	6 - 2	8 + 4	14 - 6	2 + 3	1 + 8	6 + 7

17 − 9	11 − 5	7 + 3	9 + 4	11 − 7	2 + 5	10 − 5	9 − 6	8 + 4
9 − 5	12 − 8	3 + 6	10 − 4	16 − 8	6 + 7	4 + 2	6 + 9	2 + 7
13 − 8	8 + 1	14 − 5	2 + 8	16 − 7	1 + 4	10 − 1	8 − 5	3 − 2
14 − 8	14 − 7	3 + 2	5 − 3	17 − 8	6 − 3	5 + 5	4 + 7	6 + 2
15 − 8	7 + 2	2 + 9	9 + 9	15 − 9	1 + 2	10 − 8	13 − 6	14 − 6
4 + 5	2 + 2	12 − 4	9 + 5	9 + 7	8 + 6	10 − 3	4 + 9	15 − 7
3 + 7	9 + 6	6 − 5	13 − 5	8 − 7	18 − 9	13 − 7	10 − 6	7 − 2
3 + 8	5 − 4	15 − 6	2 + 3	8 + 2	7 + 7	6 + 8	1 + 3	3 + 3
1 + 7	7 − 3	2 + 4	8 + 3	4 + 4	11 − 8	6 − 4	3 + 4	6 + 3

16 - 8	14 - 5	6 - 3	17 - 9	17 - 8	3 + 4	13 - 4	6 - 2	14 - 6
6 + 6	9 - 4	8 + 2	12 - 8	5 + 2	6 + 7	3 + 1	10 - 5	2 + 3
13 - 5	8 + 3	13 - 9	3 - 2	2 + 4	6 + 8	2 + 8	1 + 7	6 - 4
6 - 5	18 - 9	11 - 4	5 - 4	16 - 9	4 + 4	4 + 2	11 - 7	1 + 5
9 + 9	5 - 2	9 - 7	2 + 7	7 - 4	13 - 7	8 - 7	4 + 9	6 + 5
7 + 2	4 + 6	4 - 2	7 - 5	15 - 7	8 - 3	12 - 5	1 + 3	8 + 7
5 + 4	13 - 6	4 + 8	10 - 7	3 + 5	7 + 6	14 - 7	7 + 7	8 - 4
9 - 5	10 - 6	2 + 2	2 + 9	6 + 4	5 + 3	10 - 2	8 + 6	10 - 4
5 + 1	5 + 7	4 + 5	14 - 8	7 + 3	5 + 9	4 + 7	8 + 1	7 + 8

4 + 7	1 + 4	3 - 2	17 - 9	6 - 3	7 - 3	17 - 8	11 - 8	13 - 5
4 + 1	3 + 4	6 + 7	15 - 6	12 - 7	14 - 6	12 - 6	8 + 5	18 - 9
2 + 2	5 + 6	16 - 9	2 + 7	16 - 8	13 - 6	14 - 7	9 + 7	8 + 7
14 - 8	7 + 2	4 + 4	6 + 9	8 + 2	10 - 6	5 - 3	5 + 9	1 + 6
2 + 6	11 - 3	13 - 8	8 + 6	2 + 8	2 + 1	7 - 6	5 + 3	4 + 6
8 + 3	2 + 5	4 + 8	6 - 5	7 + 1	15 - 7	3 + 8	2 + 3	6 + 2
3 + 5	10 - 7	7 - 4	9 - 2	13 - 4	6 + 6	5 + 4	6 + 4	7 + 7
8 -7	14 - 9	7 + 9	11 - 2	12 - 5	5 - 4	9 - 7	5 + 2	8 - 5
11 - 5	6 + 8	4 + 9	4 - 3	10 - 3	8 + 4	8 + 8	7 - 5	10 - 4

8	5	18	6	8	2	9	14	8
− 6	+ 5	− 9	− 4	− 3	+ 5	− 6	− 8	− 4
3	3	7	4	5	2	4	7	2
+ 3	+ 2	+ 3	− 3	+ 2	+ 2	+ 4	− 2	+ 6
3	2	3	11	6	5	3	6	15
+ 5	+ 9	+ 9	− 7	+ 3	− 2	+ 6	− 3	− 8
7	6	7	13	12	12	13	11	4
− 6	+ 6	+ 5	− 7	− 6	− 9	− 5	− 4	− 2
11	6	17	7	2	12	2	9	5
− 3	+ 7	− 8	+ 6	+ 4	− 4	+ 8	− 4	+ 4
9	16	9	13	9	9	7	6	4
− 0	− 9	− 7	− 4	+ 2	+ 1	+ 1	+ 9	+ 6
9	9	10	5	5	10	8	7	3
− 2	− 1	− 8	− 4	+ 6	− 1	+ 4	+ 8	− 2
8	5	13	4	3	4	1	8	4
+ 7	+ 7	− 6	+ 1	+ 7	+ 2	+ 2	+ 5	+ 5
6	8	9	5	10	7	8	12	9
+ 1	− 7	− 3	+ 1	− 3	+ 2	+ 3	− 5	− 5

5 + 4	7 - 3	7 + 2	8 - 5	17 - 8	8 - 7	4 + 2	6 + 7	3 + 2
16 - 7	4 + 8	11 - 3	15 - 6	9 + 9	8 + 8	15 - 7	7 + 4	3 - 2
3 + 4	5 + 8	4 + 6	7 + 3	6 - 4	14 - 6	5 - 4	8 + 3	9 - 6
13 - 6	4 + 1	13 - 4	2 + 4	13 - 7	13 - 8	2 + 3	5 - 2	12 - 4
11 - 9	12 - 6	6 - 3	17 - 9	9 - 2	10 - 2	1 + 2	15 - 9	6 + 8
8 - 6	11 - 5	1 + 7	7 + 1	8 + 7	8 + 4	6 + 2	7 + 9	3 + 5
7 + 8	12 - 7	7 + 6	16 - 8	4 - 3	9 - 7	7 + 7	13 - 9	1 + 3
7 - 5	8 - 2	2 + 7	18 - 9	4 + 4	6 + 1	1 + 5	5 - 3	2 + 6
9 + 2	11 - 7	1 + 6	9 + 5	2 + 9	16 - 9	6 - 5	8 + 5	8 + 6

6 − 4	2 + 3	8 + 4	15 − 8	11 − 3	14 − 6	14 − 7	5 + 3	14 − 8
5 − 3	7 + 6	3 + 1	9 + 1	7 − 6	13 − 8	16 − 7	16 − 8	12 − 7
7 − 4	9 + 3	3 + 9	1 + 8	8 − 4	12 − 5	2 + 6	4 + 3	4 − 3
12 − 6	12 − 4	7 − 5	3 + 4	2 + 1	11 − 7	10 − 6	2 + 2	17 − 8
16 − 9	5 + 8	3 + 2	5 + 4	2 + 4	11 − 6	9 − 6	6 + 6	7 + 2
15 − 6	5 + 7	4 + 2	8 + 8	15 − 7	7 + 7	5 − 4	8 − 6	5 + 5
10 − 2	11 − 5	1 + 1	9 − 0	2 + 9	6 + 9	7 + 8	3 + 5	5 + 9
9 + 7	5 + 2	4 − 2	3 − 2	7 + 5	9 + 4	6 − 2	13 − 9	5 + 1
8 − 3	7 + 4	3 + 6	4 + 6	12 − 9	8 + 3	9 − 8	17 − 9	7 + 3

6 + 8	1 + 3	15 - 7	5 + 1	7 + 9	11 - 3	14 - 6	16 - 9	12 - 7
1 + 5	15 - 6	9 - 4	17 - 8	6 + 5	2 + 9	13 - 8	4 + 9	4 - 3
3 + 5	9 + 5	7 + 5	8 + 4	8 + 8	13 - 7	11 - 7	8 - 5	10 - 1
5 + 3	8 - 7	9 - 2	8 + 1	6 + 1	2 + 5	8 + 6	9 - 3	6 + 4
9 + 7	15 - 8	3 - 2	2 + 7	8 + 3	18 - 9	11 - 6	4 + 3	16 - 8
12 - 5	6 + 9	13 - 4	12 - 8	7 + 3	9 - 8	4 + 1	5 - 4	1 + 6
4 + 6	11 - 9	2 + 1	9 - 1	9 + 6	4 + 5	7 - 4	2 + 6	7 + 6
5 + 9	4 + 2	5 + 6	8 - 4	17 - 9	5 - 3	7 + 8	13 - 6	7 - 3
3 + 4	15 - 9	13 - 5	5 - 2	14 - 7	3 + 3	10 - 4	5 + 2	3 + 9

11 - 9	8 - 5	5 + 9	2 + 5	7 + 1	8 + 3	4 - 2	10 - 9	4 - 3
13 - 9	1 + 2	15 - 8	7 - 5	13 - 4	3 + 4	2 + 3	4 + 6	9 - 3
5 + 8	9 + 3	14 - 7	4 + 4	6 - 5	2 + 4	8 + 8	8 + 7	2 + 9
9 - 6	9 + 6	11 - 6	16 - 7	6 + 4	4 + 7	9 - 0	6 + 5	8 + 4
7 - 6	5 + 2	9 + 8	8 + 5	9 + 9	8 - 6	15 - 7	9 - 1	2 + 2
4 + 5	8 + 6	16 - 8	5 + 7	17 - 8	10 - 6	6 + 8	5 - 3	8 - 4
1 + 4	10 - 5	8 - 3	3 + 1	7 + 2	15 - 6	3 - 2	1 + 7	10 - 1
10 - 3	18 - 9	5 + 4	13 - 7	3 + 6	9 + 5	6 + 3	14 - 8	11 - 8
4 + 3	8 - 2	17 - 9	12 - 7	6 - 4	3 + 2	6 + 9	13 - 5	5 + 5

10 − 5	6 + 8	11 − 8	10 − 3	4 + 8	9 − 8	9 + 2	2 + 2	4 − 3
4 + 4	4 + 9	7 − 3	7 + 1	6 + 6	3 + 8	6 − 4	11 − 4	5 + 1
13 − 6	4 + 6	16 − 8	11 − 6	5 + 2	9 + 3	6 + 5	5 − 4	12 − 5
1 + 4	10 − 2	5 − 3	7 + 5	12 − 4	9 + 8	4 + 2	15 − 9	15 − 6
5 + 6	9 − 3	5 − 2	8 + 6	3 + 3	3 + 5	18 − 9	16 − 9	8 − 6
12 − 8	3 + 9	16 − 7	3 − 2	8 − 2	7 − 4	14 − 7	8 + 3	9 − 5
7 − 5	6 − 3	9 + 6	5 + 7	4 + 3	7 + 8	8 + 4	6 + 7	6 − 5
7 + 2	8 + 9	8 + 2	11 − 3	2 + 5	1 + 6	10 − 6	9 + 9	3 + 2
13 − 7	10 − 7	3 + 6	17 − 9	17 − 8	8 + 7	9 + 7	11 − 2	2 + 9

17 - 8	7 + 5	8 - 6	6 + 6	5 - 3	2 + 4	6 + 5	6 + 3	6 - 5
4 + 9	10 - 3	16 - 8	10 - 4	14 - 7	5 + 2	12 - 9	2 + 6	14 - 9
12 - 6	14 - 8	14 - 6	4 + 8	6 + 7	5 + 5	1 + 2	3 + 1	16 - 7
9 - 8	13 - 6	18 - 9	5 + 1	5 + 6	4 - 2	3 + 6	7 + 3	4 + 4
15 - 8	8 + 3	7 - 4	4 + 5	2 + 7	4 - 3	2 + 9	12 - 5	2 + 3
10 - 6	14 - 5	7 - 2	8 - 5	12 - 4	6 + 9	9 + 7	5 + 8	8 + 8
8 - 3	15 - 7	8 + 5	12 - 8	9 + 2	8 + 9	3 + 8	1 + 6	12 - 3
7 + 6	5 + 7	6 + 1	11 - 7	7 - 3	5 - 4	11 - 3	1 + 7	7 - 5
3 + 4	2 + 5	11 - 4	9 + 1	6 - 3	13 - 7	4 + 7	7 + 2	11 - 2

16 - 9	11 - 6	7 - 6	11 - 7	6 + 8	7 + 8	15 - 8	7 - 4	3 + 4
6 + 5	2 + 4	12 - 6	16 - 8	14 - 8	12 - 5	14 - 7	9 - 7	8 + 4
6 + 9	7 + 3	10 - 2	3 + 8	3 + 5	8 + 9	8 - 5	1 + 4	5 - 4
5 + 3	8 - 3	10 - 7	4 + 1	1 + 9	11 - 8	17 - 8	6 + 7	5 + 8
4 + 2	6 + 2	5 + 2	4 + 9	5 - 2	7 + 6	2 + 9	9 - 5	10 - 4
4 + 8	4 + 4	3 - 2	9 - 8	4 + 3	4 - 2	4 - 3	7 - 3	8 - 7
6 - 2	18 - 9	1 + 7	7 - 2	8 + 5	14 - 5	2 + 2	12 - 8	8 + 2
3 + 2	1 + 6	5 + 9	13 - 6	6 + 3	8 + 6	4 + 7	9 - 6	15 - 7
6 - 5	8 - 4	2 + 3	17 - 9	6 + 6	4 + 6	11 - 5	9 + 3	7 + 4

9 + 4	16 - 8	6 + 7	8 + 5	6 - 3	13 - 6	2 + 6	5 - 4	6 - 5
8 + 2	7 - 6	9 - 4	8 - 7	4 - 2	3 - 2	5 + 7	3 + 8	11 - 8
16 - 9	17 - 9	7 + 9	17 - 8	11 - 5	10 - 7	7 + 4	2 + 8	2 + 4
4 + 3	13 - 8	18 - 9	7 + 7	6 + 6	6 - 4	8 - 3	7 + 6	7 + 3
3 + 3	8 + 1	3 + 4	9 + 1	5 + 3	2 + 2	5 - 3	15 - 7	10 - 2
6 + 5	12 - 6	6 + 9	1 + 6	1 + 3	9 - 0	6 + 8	11 - 4	12 - 7
5 - 2	6 + 4	14 - 9	4 - 3	5 + 4	1 + 4	3 + 2	12 - 9	7 - 5
14 - 6	7 - 2	2 + 5	4 + 5	9 + 8	2 + 7	3 + 6	13 - 4	9 + 6
14 - 8	3 + 7	15 - 8	4 + 9	8 - 5	15 - 6	6 + 3	12 - 8	8 + 7

3 + 5	9 + 5	4 - 2	5 + 3	8 + 3	9 + 6	8 + 2	8 + 6	5 + 1
9 - 8	12 - 8	16 - 7	6 - 4	8 + 8	6 + 6	9 - 4	6 + 1	9 + 8
18 - 9	5 - 3	5 + 2	7 - 4	12 - 6	14 - 6	17 - 9	6 - 3	1 + 6
2 + 1	8 + 5	3 - 2	7 + 7	10 - 3	11 - 9	3 + 2	11 - 7	10 - 2
4 + 5	15 - 7	1 + 1	15 - 9	9 - 7	13 - 4	7 - 2	10 - 7	4 + 3
12 - 5	13 - 7	7 + 6	2 + 2	7 + 4	4 + 1	12 - 9	17 - 8	1 + 4
14 - 5	3 + 4	6 + 8	5 + 8	13 - 5	6 - 5	11 - 3	8 + 7	11 - 5
6 + 7	2 + 8	16 - 8	13 - 6	1 + 8	2 + 3	5 - 4	1 + 2	15 - 8
3 + 7	4 + 4	7 + 8	4 + 7	3 + 8	11 - 4	11 - 6	6 + 3	4 - 3

16 - 7	1 + 4	5 + 6	8 + 9	5 + 8	6 + 1	3 + 3	6 + 7	5 - 3
8 + 4	7 + 6	8 + 6	9 + 8	6 - 4	8 - 7	13 - 5	9 + 6	12 - 4
17 - 8	6 + 8	4 + 5	16 - 8	7 + 3	7 - 6	9 - 7	12 - 6	8 + 5
14 - 5	6 + 2	11 - 6	15 - 7	10 - 7	9 + 3	4 - 3	4 - 2	17 - 9
4 + 3	12 - 5	14 - 7	8 + 7	3 - 2	5 + 3	10 - 5	4 + 9	12 - 7
7 + 1	8 - 6	10 - 6	4 + 7	9 - 4	10 - 1	8 - 2	11 - 2	13 - 6
7 + 4	9 - 6	11 - 8	4 + 6	6 + 3	6 - 3	3 + 6	5 + 2	11 - 5
2 + 8	9 - 8	4 + 4	7 + 8	3 + 5	3 + 7	2 + 4	3 + 2	15 - 8
1 + 8	5 + 5	2 + 9	10 - 3	7 - 3	7 + 7	6 + 6	6 - 5	18 - 9

4 + 6	6 - 5	11 - 4	3 + 6	7 + 5	6 + 8	10 - 5	8 + 7	10 - 2
7 + 7	5 + 7	4 + 4	5 - 3	12 - 4	17 - 9	4 + 1	9 - 3	12 - 7
18 - 9	6 - 3	4 + 8	7 - 5	1 + 7	14 - 8	4 + 9	3 + 7	17 - 8
15 - 7	2 + 2	5 + 4	2 + 8	9 - 5	13 - 4	14 - 6	12 - 8	9 + 2
10 - 1	8 + 8	8 + 2	11 - 2	11 - 7	10 - 3	9 + 6	9 + 8	3 + 2
8 + 4	5 + 5	5 + 6	8 - 3	11 - 8	3 + 3	3 + 1	13 - 6	11 - 3
14 - 9	7 - 4	7 + 8	7 + 3	15 - 6	8 + 5	5 + 2	2 + 6	1 + 8
7 - 2	8 + 1	5 - 2	9 + 4	4 - 3	4 + 5	15 - 8	6 + 6	4 + 3
9 - 4	7 + 4	3 + 5	6 + 7	16 - 8	8 - 6	14 - 5	10 - 4	7 - 3

SOLUTIONS

3

6+2=8	6+3=9	2+9=11	7-3=4	8+6=14	6-2=4	7-2=5	13-8=5	7-4=3
9-2=7	9+4=13	2+4=6	6+7=13	10-5=5	7+7=14	8-3=5	1+8=9	15-8=7
7+1=8	16-8=8	4-3=1	9+8=17	8+5=13	4+6=10	1+4=5	4+8=12	10-4=6
5+8=13	14-7=7	8+1=9	6-3=3	12-3=9	8+4=12	11-6=5	3+2=5	5+6=11
10-2=8	18-9=9	6+6=12	4+3=7	11-8=3	12-5=7	6+4=10	8-4=4	2+8=10
5+7=12	5-3=2	12-8=4	11-9=2	4+2=6	8+9=17	14-6=8	13-9=4	13-6=7
17-8=9	8+3=11	8+7=15	3+8=11	8-6=2	5-2=3	17-9=8	3-2=1	6-5=1
12-7=5	8+8=16	15-7=8	12-6=6	9-3=6	9-6=3	3+7=10	4+5=9	7+6=13
4+7=11	5+3=8	11-7=4	6+8=14	5-4=1	7+5=12	1+7=8	5+1=6	2+7=9

4

5+5=10	3+3=6	17-9=8	15-6=9	9+1=10	6-3=3	4+6=10	3-2=1	18-9=9
6-5=1	15-8=7	2+3=5	11-7=4	16-8=8	7-5=2	5+8=13	8+3=11	4-2=2
9+5=14	4+9=13	8+2=10	14-7=7	4+3=7	2+4=6	13-4=9	13-5=8	7-4=3
1+8=9	15-7=8	6-4=2	4+4=8	5+7=12	8-7=1	8+6=14	1+7=8	6+3=9
9+2=11	7-3=4	7-6=1	6+2=8	8+5=13	5+4=9	8-3=5	2+1=3	13-7=6
2+5=7	9-5=4	12-6=6	1+5=6	13-6=7	10-4=6	3+7=10	9-7=2	13-8=5
3+9=12	1+6=7	16-9=7	5-4=1	9-6=3	14-8=6	7+3=10	3+6=9	5+2=7
10-5=5	4+8=12	11-6=5	7+8=15	7+4=11	7+2=9	17-8=9	10-6=4	6+8=14
7+9=16	8-5=3	2+8=10	1+1=2	9-3=6	8+1=9	11-8=3	9-1=8	1+2=3

5

16-8=8	7+6=13	14-7=7	6-5=1	4+9=13	6+7=13	3+3=6	2+7=9	17-8=9
7+3=10	6-2=4	4+4=8	17-9=8	8+7=15	7+7=14	1+6=7	12-9=3	12-4=8
6+6=12	10-8=2	3+7=10	7-4=3	4+6=10	3-2=1	13-8=5	5+6=11	18-9=9
14-8=6	8+4=12	3+2=5	7+4=11	12-8=4	14-6=8	9+2=11	9+1=10	10-9=1
5-3=2	7-2=5	3+4=7	1+7=8	11-9=2	5+2=7	7+5=12	5-4=1	11-6=5
8+8=16	3+9=12	9+6=15	6-3=3	9+3=12	11-3=8	6+4=10	8-6=2	9-6=3
9-1=8	6+5=11	7+8=15	5+4=9	5+1=6	12-5=7	2+1=3	16-7=9	8-5=3
4-2=2	15-9=6	2+6=8	2+8=10	9-4=5	15-8=7	8-4=4	8+3=11	11-5=6
8+2=10	12-3=9	9+8=17	4+7=11	8+5=13	6-4=2	14-9=5	9-3=6	2+5=7

6

11-5=6	2+4=6	2+8=10	10-7=3	17-9=8	6+8=14	10-3=7	6-5=1	14-7=7
12-6=6	8+8=16	7+6=13	3+6=9	15-8=7	8+5=13	6+3=9	7-4=3	6+4=10
5+4=9	6+6=12	3+4=7	18-9=9	2+6=8	9-3=6	6+7=13	12-8=4	11-6=5
5+4=9	16-7=9	1+4=5	15-7=8	3+3=6	16-9=7	13-8=5	13-7=6	6-3=3
16-8=8	7+5=12	7-3=4	8-7=1	17-8=9	15-6=9	7+3=10	9-1=8	5-3=2
3+7=10	8+9=17	4+3=7	6+5=11	4+9=13	7+2=9	4-3=1	9+5=14	9-8=1
1+5=6	15-9=6	3-2=1	5+2=7	5+3=8	9-7=2	2+3=5	7-6=1	1+2=3
1+3=4	8+6=14	7-2=5	9-5=4	5-4=1	9+7=16	2+5=7	6-4=2	12-5=7
7+4=11	10-8=2	8-4=4	5+6=11	9-2=7	3+2=5	8+2=10	3+5=8	5+5=10

7

12 − 5 = 7	15 − 7 = 8	12 − 4 = 8	17 − 9 = 8	3 + 8 = 11	1 + 3 = 4	2 + 3 = 5	8 − 5 = 3	6 − 4 = 2
8 + 7 = 15	5 + 9 = 14	9 + 4 = 13	12 − 6 = 6	16 − 7 = 9	17 − 8 = 9	2 + 5 = 7	11 − 5 = 6	7 + 2 = 9
2 + 2 = 4	14 − 6 = 8	4 + 2 = 6	9 + 2 = 11	12 − 8 = 4	18 − 9 = 9	5 + 6 = 11	4 + 6 = 10	5 + 7 = 12
1 + 7 = 8	7 + 8 = 15	8 + 2 = 10	6 + 3 = 9	1 + 4 = 5	12 − 9 = 3	12 − 3 = 9	14 − 5 = 9	6 − 5 = 1
8 + 1 = 9	5 + 2 = 7	2 + 4 = 6	7 + 3 = 10	13 − 7 = 6	3 + 7 = 10	3 + 2 = 5	8 + 8 = 16	7 + 5 = 12
5 − 4 = 1	7 − 6 = 1	8 + 4 = 12	14 − 7 = 7	15 − 9 = 6	3 + 4 = 7	6 + 6 = 12	6 − 3 = 3	9 − 8 = 1
2 + 1 = 3	3 − 2 = 1	11 − 4 = 7	8 − 3 = 5	3 + 9 = 12	13 − 9 = 4	9 − 2 = 7	6 + 4 = 10	8 − 4 = 4
10 − 3 = 7	6 + 7 = 13	9 + 7 = 16	5 + 3 = 8	5 − 2 = 3	10 − 8 = 2	14 − 8 = 6	9 + 9 = 18	13 − 6 = 7
11 − 7 = 4	4 + 1 = 5	14 − 9 = 5	7 − 3 = 4	15 − 6 = 9	4 − 3 = 1	7 + 1 = 8	3 + 5 = 8	3 + 3 = 6

8

9 + 6 = 15	10 − 7 = 3	5 + 7 = 12	4 + 8 = 12	14 − 5 = 9	3 − 2 = 1	8 − 6 = 2	14 − 9 = 5	3 + 6 = 9
5 + 9 = 14	6 + 4 = 10	11 − 9 = 2	9 + 3 = 12	1 + 3 = 4	9 − 3 = 6	15 − 7 = 8	8 + 4 = 12	10 − 5 = 5
4 + 6 = 10	8 + 5 = 13	14 − 7 = 7	5 + 1 = 6	7 − 3 = 4	4 − 3 = 1	5 + 2 = 7	11 − 7 = 4	8 + 1 = 9
6 − 2 = 4	7 + 5 = 12	5 + 8 = 13	8 − 7 = 1	15 − 8 = 7	7 − 6 = 1	9 + 8 = 17	7 + 9 = 16	2 + 5 = 7
6 − 4 = 2	7 + 8 = 15	5 − 3 = 2	4 − 2 = 2	5 − 4 = 1	7 + 1 = 8	8 − 5 = 3	9 + 2 = 11	7 + 3 = 10
10 − 2 = 8	15 − 6 = 9	10 − 4 = 6	6 − 5 = 1	7 + 7 = 14	10 − 6 = 4	6 − 3 = 3	5 + 4 = 9	9 − 8 = 1
3 + 4 = 7	4 + 2 = 6	3 + 3 = 6	8 + 2 = 10	3 + 1 = 4	7 + 4 = 11	1 + 4 = 5	4 + 1 = 5	18 − 9 = 9
4 + 9 = 13	12 − 6 = 6	11 − 4 = 7	8 − 4 = 4	13 − 9 = 4	6 + 3 = 9	6 + 1 = 7	6 + 5 = 11	7 − 2 = 5
2 + 8 = 10	17 − 9 = 8	16 − 8 = 8	11 − 3 = 8	16 − 9 = 7	1 + 6 = 7	15 − 9 = 6	8 + 3 = 11	6 + 8 = 14

9

16 − 8 = 8	4 − 3 = 1	14 − 7 = 7	17 − 9 = 8	13 − 5 = 8	2 + 2 = 4	3 + 6 = 9	6 + 2 = 8	4 − 2 = 2
11 − 5 = 6	15 − 7 = 8	3 + 2 = 5	5 + 8 = 13	12 − 6 = 6	8 − 5 = 3	9 − 2 = 7	6 + 3 = 9	3 + 4 = 7
17 − 8 = 9	1 + 4 = 5	9 − 6 = 3	12 − 4 = 8	9 + 6 = 15	8 + 3 = 11	10 − 2 = 8	3 + 1 = 4	2 + 1 = 3
13 − 9 = 4	8 + 2 = 10	4 + 5 = 9	1 + 9 = 10	1 + 6 = 7	5 + 6 = 11	14 − 6 = 8	3 − 2 = 1	8 − 3 = 5
7 − 4 = 3	18 − 9 = 9	9 − 3 = 6	5 + 4 = 9	15 − 8 = 7	7 + 8 = 15	13 − 6 = 7	9 + 7 = 16	10 − 7 = 3
2 + 6 = 8	5 − 3 = 2	10 − 4 = 6	1 + 8 = 9	12 − 8 = 4	7 − 3 = 4	2 + 5 = 7	7 + 4 = 11	2 + 4 = 6
16 − 9 = 7	9 + 5 = 14	9 + 2 = 11	9 − 0 = 9	8 − 4 = 4	8 − 7 = 1	11 − 7 = 4	8 + 7 = 15	5 − 2 = 3
8 + 4 = 12	6 − 4 = 2	9 + 8 = 17	5 + 2 = 7	15 − 9 = 6	6 + 1 = 7	4 + 7 = 11	3 + 8 = 11	12 − 5 = 7
8 + 6 = 14	4 + 6 = 10	4 + 3 = 7	7 + 5 = 12	6 − 5 = 1	3 + 3 = 6	6 + 7 = 13	1 + 1 = 2	10 − 5 = 5

10

5 + 7 = 12	16 − 9 = 7	14 − 8 = 6	17 − 9 = 8	6 − 5 = 1	2 + 5 = 7	12 − 5 = 7	8 + 8 = 16	7 + 9 = 16
8 + 2 = 10	7 − 6 = 1	1 + 3 = 4	8 + 4 = 12	11 − 4 = 7	7 − 4 = 3	6 + 8 = 14	7 + 4 = 11	9 − 7 = 2
17 − 8 = 9	6 + 5 = 11	18 − 9 = 9	14 − 7 = 7	9 + 7 = 16	9 + 9 = 18	3 + 3 = 6	4 − 3 = 1	8 − 6 = 2
2 + 3 = 5	8 − 5 = 3	5 + 8 = 13	12 − 6 = 6	8 + 9 = 17	6 + 7 = 13	10 − 2 = 8	1 + 7 = 8	8 − 3 = 5
13 − 7 = 6	2 + 7 = 9	14 − 9 = 5	10 − 5 = 5	9 − 6 = 3	5 − 3 = 2	10 − 3 = 7	7 + 8 = 15	9 + 6 = 15
6 − 4 = 2	16 − 8 = 8	4 + 3 = 7	4 + 7 = 11	8 + 3 = 11	7 − 3 = 4	13 − 8 = 5	9 + 1 = 10	15 − 7 = 8
12 − 8 = 4	7 + 5 = 12	7 + 6 = 13	6 + 2 = 8	11 − 5 = 6	4 + 8 = 12	5 + 5 = 10	5 − 4 = 1	4 + 4 = 8
7 + 2 = 9	7 + 3 = 10	8 − 4 = 4	9 + 5 = 14	6 − 2 = 4	1 + 6 = 7	3 + 9 = 12	9 − 3 = 6	11 − 6 = 5
4 + 6 = 10	1 + 1 = 2	3 + 7 = 10	13 − 9 = 4	3 + 4 = 7	10 − 6 = 4	15 − 8 = 7	6 + 4 = 10	8 − 7 = 1

11

7 + 5 = 12	8 + 5 = 13	10 − 1 = 9	13 − 6 = 7	7 − 5 = 2	2 + 4 = 6	3 + 7 = 10	5 − 4 = 1	9 − 7 = 2
7 + 1 = 8	14 − 9 = 5	13 − 8 = 5	17 − 8 = 9	11 − 2 = 9	3 + 6 = 9	5 + 8 = 13	5 + 1 = 6	11 − 7 = 4
6 + 2 = 8	16 − 9 = 7	15 − 7 = 8	14 − 8 = 6	10 − 8 = 2	7 + 2 = 9	16 − 8 = 8	17 − 9 = 8	7 − 4 = 3
13 − 7 = 6	8 − 5 = 3	4 − 3 = 1	9 − 4 = 5	2 + 7 = 9	9 − 8 = 1	5 + 7 = 12	2 + 9 = 11	2 + 5 = 7
12 − 5 = 7	8 + 1 = 9	3 − 2 = 1	11 − 4 = 7	2 + 6 = 8	4 + 4 = 8	1 + 9 = 10	6 + 4 = 10	6 + 5 = 11
9 + 3 = 12	3 + 4 = 7	4 + 3 = 7	10 − 2 = 8	8 − 3 = 5	6 − 4 = 2	8 + 7 = 15	18 − 9 = 9	7 + 9 = 16
2 + 2 = 4	4 + 2 = 6	13 − 9 = 4	8 − 7 = 1	8 + 6 = 14	3 + 3 = 6	11 − 6 = 5	5 + 3 = 8	9 − 2 = 7
2 + 8 = 10	4 + 8 = 12	3 + 2 = 5	12 − 9 = 3	4 + 6 = 10	10 − 7 = 3	5 + 9 = 14	1 + 5 = 6	4 + 5 = 9
15 − 6 = 9	5 + 6 = 11	14 − 5 = 9	11 − 3 = 8	5 − 3 = 2	11 − 8 = 3	1 + 8 = 9	7 + 4 = 11	6 + 9 = 15

12

15 − 7 = 8	5 + 8 = 13	10 − 2 = 8	15 − 6 = 9	14 − 8 = 6	2 + 6 = 8	9 + 6 = 15	7 + 5 = 12	9 − 0 = 9
7 + 7 = 14	18 − 9 = 9	5 + 2 = 7	12 − 3 = 9	7 + 3 = 10	14 − 6 = 8	6 − 3 = 3	8 − 6 = 2	15 − 8 = 7
8 + 8 = 16	11 − 2 = 9	15 − 9 = 6	6 + 3 = 9	17 − 8 = 9	3 + 8 = 11	12 − 8 = 4	10 − 4 = 6	9 − 1 = 8
5 + 4 = 9	9 + 5 = 14	3 + 3 = 6	6 + 4 = 10	9 − 3 = 6	6 + 6 = 12	3 − 2 = 1	3 + 5 = 8	4 − 3 = 1
6 + 9 = 15	7 − 2 = 5	8 + 7 = 15	9 − 4 = 5	4 + 6 = 10	4 + 8 = 12	7 + 8 = 15	2 + 3 = 5	4 − 2 = 2
6 + 8 = 14	16 − 9 = 7	14 − 7 = 7	4 + 7 = 11	1 + 2 = 3	3 + 2 = 5	8 + 6 = 14	6 − 4 = 2	1 + 4 = 5
8 − 5 = 3	14 − 9 = 5	5 − 4 = 1	12 − 6 = 6	8 + 2 = 10	5 + 9 = 14	5 + 7 = 12	16 − 8 = 8	7 − 6 = 1
9 + 8 = 17	11 − 7 = 4	13 − 5 = 8	7 + 6 = 13	5 + 6 = 11	11 − 5 = 6	6 + 2 = 8	9 − 6 = 3	11 − 4 = 7
4 + 9 = 13	13 − 7 = 6	5 + 5 = 10	1 + 6 = 7	4 + 3 = 7	6 − 5 = 1	8 + 5 = 13	3 + 4 = 7	7 − 3 = 4

13

2 + 5 = 7	6 − 4 = 2	4 − 3 = 1	4 + 9 = 13	12 − 8 = 4	6 + 4 = 10	2 + 6 = 8	7 − 6 = 1	8 + 6 = 14
5 + 3 = 8	3 − 2 = 1	2 + 8 = 10	6 + 6 = 12	17 − 8 = 9	5 − 4 = 1	10 − 6 = 4	7 − 3 = 4	18 − 9 = 9
8 − 6 = 2	12 − 9 = 3	5 − 3 = 2	11 − 6 = 5	7 + 2 = 9	16 − 7 = 9	4 + 4 = 8	7 − 2 = 5	3 + 5 = 8
14 − 8 = 6	10 − 7 = 3	10 − 5 = 5	9 + 8 = 17	3 + 9 = 12	8 + 7 = 15	5 − 2 = 3	10 − 3 = 7	9 − 3 = 6
12 − 5 = 7	9 − 1 = 8	6 + 5 = 11	14 − 7 = 7	8 + 4 = 12	5 + 5 = 10	9 + 7 = 16	2 + 2 = 4	4 + 8 = 12
6 + 3 = 9	8 − 7 = 1	2 + 9 = 11	9 + 5 = 14	8 + 3 = 11	11 − 7 = 4	6 + 2 = 8	7 + 8 = 15	11 − 5 = 6
17 − 9 = 8	14 − 6 = 8	1 + 6 = 7	15 − 8 = 7	8 + 1 = 9	5 + 2 = 7	6 − 5 = 1	6 + 9 = 15	15 − 7 = 8
4 − 2 = 2	9 + 3 = 12	1 + 4 = 5	3 + 1 = 4	15 − 9 = 6	16 − 8 = 8	3 + 8 = 11	8 + 5 = 13	10 − 8 = 2
2 + 7 = 9	13 − 6 = 7	3 + 4 = 7	4 + 5 = 9	6 − 3 = 3	7 − 5 = 2	7 + 3 = 10	5 + 7 = 12	8 + 8 = 16

14

8 + 6 = 14	7 − 4 = 3	2 + 3 = 5	15 − 6 = 9	6 + 2 = 8	16 − 9 = 7	12 − 7 = 5	17 − 8 = 9	2 + 1 = 3
18 − 9 = 9	6 + 3 = 9	7 + 4 = 11	4 + 7 = 11	1 + 4 = 5	3 + 7 = 10	6 + 7 = 13	7 + 1 = 8	7 + 2 = 9
6 − 5 = 1	10 − 8 = 2	2 + 9 = 11	6 + 5 = 11	6 + 6 = 12	4 + 3 = 7	8 − 7 = 1	4 + 1 = 5	9 + 5 = 14
7 − 6 = 1	9 − 8 = 1	6 − 3 = 3	4 − 2 = 2	7 + 7 = 14	4 + 2 = 6	5 + 5 = 10	13 − 4 = 9	11 − 3 = 8
13 − 9 = 4	10 − 3 = 7	16 − 7 = 9	4 + 9 = 13	9 + 7 = 16	9 − 1 = 8	9 − 2 = 7	5 − 4 = 1	9 + 8 = 17
4 + 4 = 8	4 + 6 = 10	12 − 4 = 8	13 − 8 = 5	3 + 1 = 4	5 + 8 = 13	15 − 7 = 8	17 − 9 = 8	10 − 2 = 8
4 − 3 = 1	7 − 3 = 4	5 + 3 = 8	3 − 2 = 1	14 − 8 = 6	13 − 5 = 8	10 − 4 = 6	12 − 5 = 7	2 + 8 = 10
11 − 4 = 7	8 − 4 = 4	8 − 6 = 2	8 + 2 = 10	4 + 5 = 9	14 − 7 = 7	7 + 5 = 12	10 − 5 = 5	8 + 5 = 13
3 + 6 = 9	7 + 8 = 15	1 + 8 = 9	3 + 9 = 12	13 − 6 = 7	3 + 5 = 8	5 + 6 = 11	2 + 6 = 8	11 − 8 = 3

15

10 − 8 = 2	8 + 7 = 15	6 + 3 = 9	4 − 2 = 2	9 + 5 = 14	13 − 6 = 7	1 + 8 = 9	7 + 4 = 11	6 + 7 = 13
2 + 5 = 7	5 − 4 = 1	18 − 9 = 9	8 + 8 = 16	15 − 8 = 7	6 + 2 = 8	12 − 3 = 9	7 + 6 = 13	15 − 7 = 8
3 − 2 = 1	9 − 2 = 7	8 + 5 = 13	7 − 6 = 1	6 − 5 = 1	13 − 7 = 6	1 + 7 = 8	9 − 3 = 6	9 − 6 = 3
4 − 3 = 1	17 − 8 = 9	13 − 5 = 8	15 − 6 = 9	8 + 3 = 11	4 + 2 = 6	14 − 9 = 5	4 + 5 = 9	10 − 3 = 7
5 + 6 = 11	9 − 0 = 9	8 + 1 = 9	11 − 3 = 8	7 + 7 = 14	6 + 5 = 11	16 − 8 = 8	3 + 2 = 5	1 + 3 = 4
10 − 7 = 3	12 − 8 = 4	7 + 2 = 9	2 + 4 = 6	14 − 6 = 8	11 − 6 = 5	5 + 4 = 9	5 + 3 = 8	8 − 5 = 3
8 + 4 = 12	1 + 5 = 6	2 + 6 = 8	12 − 5 = 7	15 − 9 = 6	16 − 7 = 9	1 + 6 = 7	7 − 2 = 5	4 + 8 = 12
3 + 8 = 11	17 − 9 = 8	9 + 3 = 12	4 + 3 = 7	4 + 7 = 11	8 − 7 = 1	3 + 4 = 7	9 − 5 = 4	5 + 5 = 10
11 − 5 = 6	1 + 4 = 5	12 − 9 = 3	14 − 8 = 6	8 − 3 = 5	2 + 3 = 5	9 + 4 = 13	3 + 6 = 9	5 + 2 = 7

16

8 − 2 = 6	6 + 4 = 10	1 + 5 = 6	7 + 2 = 9	8 − 4 = 4	4 + 8 = 12	3 + 2 = 5	2 + 2 = 4	7 + 4 = 11
5 + 8 = 13	8 + 2 = 10	3 − 2 = 1	3 + 7 = 10	14 − 8 = 6	4 − 2 = 2	5 − 4 = 1	8 + 4 = 12	12 − 3 = 9
10 − 6 = 4	2 + 4 = 6	2 + 5 = 7	9 + 7 = 16	7 − 3 = 4	18 − 9 = 9	1 + 1 = 2	7 − 6 = 1	8 − 5 = 3
12 − 6 = 6	4 + 7 = 11	13 − 9 = 4	7 + 7 = 14	12 − 7 = 5	6 − 3 = 3	3 + 4 = 7	4 + 3 = 7	4 + 9 = 13
9 + 3 = 12	8 − 7 = 1	4 − 3 = 1	7 + 3 = 10	3 + 8 = 11	12 − 5 = 7	4 + 4 = 8	7 + 9 = 16	8 + 6 = 14
1 + 7 = 8	13 − 6 = 7	4 + 5 = 9	15 − 6 = 9	4 + 1 = 5	13 − 4 = 9	5 + 9 = 14	6 − 2 = 4	13 − 8 = 5
8 + 8 = 16	12 − 8 = 4	9 + 9 = 18	15 − 7 = 8	10 − 2 = 8	6 − 5 = 1	5 + 6 = 11	9 − 6 = 3	10 − 4 = 6
4 + 2 = 6	10 − 3 = 7	9 − 7 = 2	13 − 5 = 8	16 − 9 = 7	17 − 8 = 9	17 − 9 = 8	5 − 3 = 2	1 + 3 = 4
9 + 2 = 11	6 + 9 = 15	7 + 5 = 12	16 − 7 = 9	4 + 6 = 10	13 − 7 = 6	6 − 4 = 2	8 + 7 = 15	9 + 5 = 14

17

17 − 9 = 8	6 + 4 = 10	8 − 5 = 3	14 − 9 = 5	9 − 6 = 3	6 + 6 = 12	9 + 5 = 14	17 − 8 = 9	8 − 4 = 4
3 − 2 = 1	18 − 9 = 9	16 − 8 = 8	6 + 1 = 7	12 − 7 = 5	6 − 3 = 3	7 − 5 = 2	6 + 5 = 11	5 − 3 = 2
7 + 3 = 10	16 − 9 = 7	14 − 5 = 9	11 − 5 = 6	7 + 4 = 11	7 − 6 = 1	3 + 4 = 7	12 − 6 = 6	12 − 3 = 9
6 − 2 = 4	11 − 4 = 7	15 − 9 = 6	5 − 4 = 1	7 − 4 = 3	2 + 4 = 6	2 + 9 = 11	5 + 5 = 10	12 − 8 = 4
3 + 8 = 11	8 + 8 = 16	1 + 4 = 5	4 + 9 = 13	7 + 5 = 12	2 + 6 = 8	4 + 7 = 11	3 + 6 = 9	4 + 4 = 8
5 + 8 = 13	13 − 6 = 7	8 − 3 = 5	15 − 7 = 8	8 − 7 = 1	8 + 7 = 15	1 + 6 = 7	7 + 1 = 8	4 + 2 = 6
4 + 3 = 7	5 + 2 = 7	2 + 8 = 10	11 − 2 = 9	9 − 0 = 9	7 + 2 = 9	5 + 4 = 9	6 − 5 = 1	6 + 2 = 8
2 + 2 = 4	4 − 2 = 2	16 − 7 = 9	2 + 5 = 7	9 + 7 = 16	8 + 3 = 11	9 + 3 = 12	3 + 9 = 12	9 − 7 = 2
2 + 3 = 5	8 + 2 = 10	13 − 7 = 6	3 + 3 = 6	14 − 7 = 7	12 − 9 = 3	11 − 7 = 4	11 − 3 = 8	1 + 8 = 9

18

4 + 6 = 10	11 − 5 = 6	5 + 7 = 12	8 + 4 = 12	4 − 2 = 2	16 − 7 = 9	7 + 8 = 15	5 + 3 = 8	4 − 3 = 1
14 − 5 = 9	13 − 9 = 4	2 + 8 = 10	6 + 3 = 9	13 − 6 = 7	12 − 5 = 7	17 − 9 = 8	3 + 7 = 10	6 − 5 = 1
18 − 9 = 9	9 − 8 = 1	15 − 8 = 7	4 + 4 = 8	6 − 3 = 3	2 + 2 = 4	2 + 6 = 8	1 + 2 = 3	4 + 9 = 13
7 + 7 = 14	8 − 2 = 6	8 + 5 = 13	12 − 9 = 3	9 + 4 = 13	5 + 2 = 7	15 − 9 = 6	9 − 1 = 8	10 − 4 = 6
2 + 4 = 6	12 − 4 = 8	3 + 2 = 5	9 − 5 = 4	10 − 5 = 5	1 + 9 = 10	10 − 7 = 3	3 + 4 = 7	4 + 5 = 9
9 + 3 = 12	10 − 3 = 7	11 − 4 = 7	6 + 5 = 11	6 + 4 = 10	5 − 2 = 3	10 − 2 = 8	7 − 5 = 2	7 − 2 = 5
15 − 7 = 8	14 − 8 = 6	1 + 7 = 8	7 + 4 = 11	10 − 1 = 9	8 + 2 = 10	3 + 8 = 11	4 + 8 = 12	13 − 7 = 6
12 − 7 = 5	3 + 9 = 12	9 − 7 = 2	16 − 8 = 8	5 + 4 = 9	7 − 6 = 1	7 + 6 = 13	7 + 1 = 8	4 + 7 = 11
12 − 6 = 6	8 + 3 = 11	5 + 6 = 11	2 + 1 = 3	5 − 3 = 2	1 + 8 = 9	8 − 4 = 4	9 + 2 = 11	5 + 1 = 6

19

6+7=13	1+4=5	6+8=14	15−7=8	3+6=9	18−9=9	5+6=11	3+2=5	7−5=2
3+3=6	6−4=2	10−1=9	10−9=1	6+5=11	7−3=4	17−8=9	6+3=9	7+3=10
10−2=8	1+6=7	14−7=7	2+7=9	6−3=3	7−4=3	5−3=2	14−9=5	16−7=9
7+9=16	8+4=12	7+8=15	4+5=9	2+3=5	2+9=11	4−3=1	14−5=9	5+4=9
7+7=14	3+9=12	13−7=6	15−6=9	3+8=11	2+4=6	6+2=8	4+4=8	5+2=7
1+2=3	10−5=5	17−9=8	4+8=12	3+7=10	9−6=3	2+2=4	9−7=2	12−5=7
12−6=6	9−0=9	3+4=7	12−8=4	8+6=14	12−4=8	8+1=9	6+6=12	7−6=1
15−8=7	4+6=10	8+7=15	13−4=9	9−3=6	5+5=10	8+5=13	8+8=16	8−5=3
6+4=10	7+4=11	11−7=4	14−6=8	16−8=8	8−3=5	10−6=4	9−1=8	13−5=8

20

8−5=3	3+2=5	13−6=7	11−4=7	18−9=9	4+7=11	6−5=1	5−3=2	8+5=13
6−4=2	3+4=7	7−3=4	6+3=9	10−8=2	12−3=9	15−8=7	14−6=8	6+7=13
8−6=2	17−9=8	4+6=10	2+7=9	1+2=3	8+9=17	7+5=12	13−4=9	6+2=8
6−3=3	11−2=9	3+3=6	6+1=7	9−7=2	9+8=17	2+5=7	6+6=12	5+3=8
9−4=5	5+2=7	6−2=4	13−8=5	11−7=4	1+3=4	9+9=18	16−8=8	7+7=14
2+4=6	11−5=6	6+5=11	9−2=7	4−3=1	4+5=9	8+8=16	13−5=8	5+6=11
12−4=8	7+3=10	16−9=7	12−8=4	16−7=9	2+3=5	11−6=5	5−4=1	11−8=3
2+8=10	12−7=5	4+8=12	7−4=3	1+6=7	1+7=8	6+8=14	5+7=12	3+7=10
12−9=3	8+3=11	15−9=6	6+4=10	8+6=14	9+7=16	8−2=6	3−2=1	7+9=16

21

3+4=7	4+9=13	8+8=16	3+2=5	4+6=10	8−4=4	8+9=17	9+6=15	1+2=3
7+5=12	4−2=2	15−6=9	7+8=15	9−5=4	8−2=6	3+7=10	9−0=9	7+7=14
5−4=1	8+2=10	5−3=2	9−2=7	14−9=5	7−5=2	3−2=1	1+3=4	9+2=11
6−5=1	6+3=9	8+3=11	1+7=8	9+8=17	6−4=2	6+1=7	11−2=9	6−2=4
17−8=9	16−9=7	15−9=6	9−6=3	3+8=11	2+3=5	7+4=11	17−9=8	12−4=8
7−3=4	14−6=8	3+6=9	7+9=16	8−6=2	8+5=13	14−8=6	11−5=6	7+6=13
2+7=9	1+6=7	5+3=8	2+9=11	9−4=5	6+6=12	5+1=6	6−3=3	7−6=1
9+7=16	12−5=7	5+5=10	11−7=4	5+8=13	4+5=9	14−7=7	2+4=6	13−4=9
18−9=9	12−3=9	15−7=8	4−3=1	13−7=6	13−8=5	6+2=8	3+3=6	7+2=9

22

6+7=13	5−3=2	14−5=9	9−7=2	13−6=7	17−9=8	14−8=6	17−8=9	2+5=7
5+5=10	7−4=3	8−7=1	5+7=12	3+5=8	8−6=2	6−2=4	4+6=10	10−2=8
4+5=9	14−9=5	6+2=8	8+7=15	4+3=7	5−4=1	4+2=6	7+3=10	6+6=12
11−7=4	7+8=15	16−9=7	2+2=4	10−9=1	2+8=10	7+6=13	3−2=1	4−2=2
12−6=6	9−2=7	7+2=9	1+4=5	2+7=9	13−7=6	16−7=9	2+1=3	2+4=6
4+9=13	11−6=5	7−3=4	15−7=8	6+3=9	7−5=2	12−9=3	6−3=3	11−3=8
9+7=16	11−4=7	2+6=8	8+6=14	6−4=2	11−8=3	8+5=13	9+9=18	10−3=7
4−3=1	5+6=11	18−9=9	12−7=5	12−5=7	3+8=11	6+4=10	5+2=7	4+8=12
1+5=6	5+1=6	6−5=1	9+2=11	2+3=5	3+9=12	9+3=12	13−9=4	8+8=16

23

$14-7=7$	$9-7=2$	$7+7=14$	$5+8=13$	$15-6=9$	$4+8=12$	$7+1=8$	$9+2=11$	$9+3=12$
$2+1=3$	$2+4=6$	$12-8=4$	$9-1=8$	$14-6=8$	$9+5=14$	$17-9=8$	$1+5=6$	$7-6=1$
$6+7=13$	$10-4=6$	$5-2=3$	$8+1=9$	$6+8=14$	$12-7=5$	$8+2=10$	$3+9=12$	$17-8=9$
$6+3=9$	$8+7=15$	$7+5=12$	$4-3=1$	$16-9=7$	$2+6=8$	$5+1=6$	$10-2=8$	$6+6=12$
$13-7=6$	$6-2=4$	$4-2=2$	$5+5=10$	$9-2=7$	$3-2=1$	$6+5=11$	$11-3=8$	$13-6=7$
$6+2=8$	$10-5=5$	$7-5=2$	$10-6=4$	$1+4=5$	$3+8=11$	$16-7=9$	$8+9=17$	$5+4=9$
$7-2=5$	$5+3=8$	$8-7=1$	$18-9=9$	$4+1=5$	$15-8=7$	$6-5=1$	$5-3=2$	$3+2=5$
$3+4=7$	$9-5=4$	$11-9=2$	$4+7=11$	$15-7=8$	$3+3=6$	$14-8=6$	$8-4=4$	$5+6=11$
$11-5=6$	$8-6=2$	$15-9=6$	$5+7=12$	$7+4=11$	$4+6=10$	$1+7=8$	$7+3=10$	$2+2=4$

24

$3+6=9$	$4+8=12$	$6+7=13$	$5-4=1$	$3+3=6$	$8-2=6$	$16-8=8$	$4+6=10$	$12-5=7$
$6-5=1$	$2+7=9$	$5+6=11$	$5+9=14$	$2+4=6$	$12-7=5$	$7+4=11$	$6+4=10$	$4+3=7$
$2+5=7$	$14-6=8$	$11-7=4$	$9+5=14$	$3-2=1$	$7-5=2$	$7+6=13$	$1+4=5$	$7-2=5$
$17-8=9$	$4-3=1$	$15-8=7$	$12-4=8$	$6+3=9$	$6-3=3$	$9-5=4$	$18-9=9$	$4+7=11$
$5+4=9$	$8+6=14$	$6+1=7$	$9-4=5$	$16-7=9$	$9-1=8$	$8+7=15$	$3+2=5$	$11-6=5$
$17-9=8$	$7-4=3$	$12-6=6$	$7-3=4$	$7+7=14$	$13-6=7$	$13-5=8$	$5+7=12$	$11-2=9$
$5+8=13$	$16-9=7$	$13-8=5$	$8+3=11$	$15-9=6$	$6+9=15$	$11-8=3$	$7+8=15$	$1+7=8$
$9+1=10$	$1+1=2$	$1+2=3$	$8-5=3$	$14-7=7$	$1+6=7$	$7-6=1$	$14-8=6$	$3+9=12$
$6+6=12$	$5-3=2$	$6-2=4$	$4+1=5$	$2+3=5$	$12-8=4$	$4+4=8$	$4+2=6$	$2+1=3$

25

$8+4=12$	$12-7=5$	$1+9=10$	$10-3=7$	$13-8=5$	$7+4=11$	$11-5=6$	$2+2=4$	$7-3=4$
$5+8=13$	$2+7=9$	$6-5=1$	$7+2=9$	$15-9=6$	$3+3=6$	$1+3=4$	$3+7=10$	$17-9=8$
$15-8=7$	$7+9=16$	$13-5=8$	$4+6=10$	$3+4=7$	$4+8=12$	$3+1=4$	$4+4=8$	$10-4=6$
$6+3=9$	$8+1=9$	$2+1=3$	$9+8=17$	$7-2=5$	$8+8=16$	$3+2=5$	$5+6=11$	$4+3=7$
$2+8=10$	$16-8=8$	$5-4=1$	$10-1=9$	$6+4=10$	$14-6=8$	$5-3=2$	$12-4=8$	$7+8=15$
$3-2=1$	$1+4=5$	$13-4=9$	$17-8=9$	$8-5=3$	$15-7=8$	$7+5=12$	$2+5=7$	$2+9=11$
$1+2=3$	$12-8=4$	$11-7=4$	$9+5=14$	$9-1=8$	$8-7=1$	$11-4=7$	$9-0=9$	$8+3=11$
$6-4=2$	$13-7=6$	$6+8=14$	$10-7=3$	$1+7=8$	$8-6=2$	$9-4=5$	$13-6=7$	$8+6=14$
$8-3=5$	$6+7=13$	$8+5=13$	$5+9=14$	$5-2=3$	$8-2=6$	$3+5=8$	$11-8=3$	$4-3=1$

26

$8+1=9$	$10-1=9$	$4+4=8$	$3+8=11$	$7+4=11$	$7+7=14$	$6+1=7$	$3+7=10$	$16-8=8$
$5+6=11$	$18-9=9$	$2+6=8$	$16-9=7$	$12-5=7$	$1+7=8$	$5-3=2$	$9-7=2$	$11-9=2$
$6+9=15$	$3+5=8$	$5+2=7$	$14-7=7$	$12-3=9$	$6+8=14$	$8-5=3$	$2+7=9$	$4+5=9$
$9-5=4$	$14-6=8$	$8+4=12$	$4-3=1$	$2+3=5$	$8+6=14$	$4+6=10$	$11-7=4$	$13-6=7$
$8-6=2$	$7-5=2$	$5+8=13$	$14-8=6$	$4-2=2$	$1+1=2$	$11-3=8$	$5+5=10$	$8+7=15$
$8+8=16$	$4+2=6$	$17-8=9$	$2+8=10$	$12-6=6$	$16-7=9$	$10-5=5$	$8-7=1$	$12-7=5$
$3+1=4$	$3-2=1$	$4+1=5$	$7+5=12$	$4+8=12$	$10-2=8$	$5-2=3$	$15-8=7$	$10-6=4$
$6-2=4$	$5+3=8$	$6+2=8$	$14-5=9$	$10-4=6$	$1+4=5$	$8+5=13$	$4+7=11$	$9+7=16$
$3+2=5$	$11-8=3$	$10-9=1$	$9-1=8$	$5+9=14$	$15-9=6$	$7+6=13$	$9+4=13$	$12-8=4$

27

7 − 5 = 2 8 + 5 = 13 16 − 8 = 8 12 − 7 = 5 1 + 4 = 5 10 − 5 = 5 6 + 4 = 10 9 − 2 = 7 6 + 3 = 9

18 − 9 = 9 4 − 3 = 1 14 − 7 = 7 5 + 9 = 14 8 + 9 = 17 2 + 5 = 7 10 − 6 = 4 8 + 6 = 14 1 + 9 = 10

3 − 2 = 1 7 + 7 = 14 11 − 5 = 6 5 − 3 = 2 3 + 8 = 11 11 − 6 = 5 8 − 7 = 1 12 − 6 = 6 16 − 7 = 9

2 + 9 = 11 3 + 1 = 4 9 + 6 = 15 7 + 5 = 12 13 − 7 = 6 3 + 9 = 12 10 − 9 = 1 3 + 5 = 8 2 + 3 = 5

4 − 2 = 2 5 + 7 = 12 2 + 4 = 6 2 + 6 = 8 8 + 7 = 15 9 + 4 = 13 1 + 1 = 2 4 + 2 = 6 10 − 7 = 3

9 − 8 = 1 4 + 1 = 5 5 + 1 = 6 12 − 8 = 4 5 − 4 = 1 8 − 4 = 4 7 + 8 = 15 7 + 6 = 13 4 + 9 = 13

9 − 4 = 5 9 + 7 = 16 17 − 9 = 8 6 − 3 = 3 7 − 6 = 1 10 − 8 = 2 9 − 5 = 4 13 − 4 = 9 5 + 2 = 7

15 − 8 = 7 6 + 5 = 11 15 − 7 = 8 9 + 8 = 17 5 + 8 = 13 8 + 1 = 9 6 + 8 = 14 12 − 3 = 9 9 + 5 = 14

14 − 9 = 5 6 + 7 = 13 14 − 8 = 6 2 + 2 = 4 6 + 2 = 8 12 − 5 = 7 11 − 4 = 7 13 − 8 = 5 13 − 6 = 7

28

6 + 8 = 14 4 + 3 = 7 8 + 9 = 17 4 − 3 = 1 2 + 8 = 10 6 + 2 = 8 15 − 8 = 7 7 + 9 = 16 11 − 3 = 8

6 + 3 = 9 17 − 9 = 8 5 + 4 = 9 5 + 7 = 12 1 + 7 = 8 9 + 7 = 16 10 − 3 = 7 9 + 3 = 12 3 + 2 = 5

8 − 6 = 2 2 + 6 = 8 13 − 5 = 8 13 − 6 = 7 3 + 8 = 11 5 − 4 = 1 8 + 3 = 11 4 + 9 = 13 13 − 7 = 6

12 − 8 = 4 6 − 2 = 4 5 − 2 = 3 11 − 2 = 9 4 + 8 = 12 2 + 7 = 9 18 − 9 = 9 9 + 9 = 18 7 − 2 = 5

15 − 9 = 6 2 + 5 = 7 1 + 5 = 6 5 − 3 = 2 4 + 6 = 10 4 + 7 = 11 10 − 4 = 6 6 − 3 = 3 17 − 8 = 9

8 − 4 = 4 7 + 1 = 8 8 + 8 = 16 7 + 7 = 14 5 + 3 = 8 16 − 7 = 9 4 + 1 = 5 7 − 4 = 3 15 − 7 = 8

3 + 6 = 9 15 − 6 = 9 6 + 4 = 10 8 + 7 = 15 5 + 8 = 13 12 − 7 = 5 9 − 6 = 3 8 + 6 = 14 7 − 6 = 1

3 + 7 = 10 1 + 9 = 10 12 − 4 = 8 5 + 6 = 11 14 − 8 = 6 16 − 8 = 8 9 − 7 = 2 8 − 5 = 3 14 − 5 = 9

3 − 2 = 1 2 + 9 = 11 7 − 5 = 2 13 − 4 = 9 5 + 5 = 10 6 + 7 = 13 8 − 3 = 5 16 − 9 = 7 2 + 2 = 4

29

14 − 8 = 6 3 + 7 = 10 10 − 1 = 9 8 + 7 = 15 7 − 6 = 1 3 − 2 = 1 9 + 6 = 15 4 − 3 = 1 14 − 9 = 5

3 + 3 = 6 5 + 4 = 9 5 + 9 = 14 13 − 9 = 4 4 + 5 = 9 7 + 7 = 14 16 − 9 = 7 9 + 9 = 18 3 + 6 = 9

9 + 5 = 14 8 + 8 = 16 4 − 2 = 2 6 + 7 = 13 5 + 6 = 11 2 + 8 = 10 8 − 7 = 1 6 + 5 = 11 4 + 7 = 11

6 + 3 = 9 10 − 3 = 7 15 − 6 = 9 8 − 6 = 2 6 + 6 = 12 5 + 5 = 10 8 + 1 = 9 3 + 8 = 11 1 + 6 = 7

8 − 5 = 3 2 + 3 = 5 4 + 4 = 8 7 + 8 = 15 8 + 6 = 14 6 − 5 = 1 17 − 9 = 8 14 − 7 = 7 12 − 8 = 4

14 − 6 = 8 8 + 5 = 13 8 + 3 = 11 4 + 2 = 6 5 − 2 = 3 10 − 8 = 2 11 − 6 = 5 5 + 2 = 7 16 − 8 = 8

8 − 3 = 5 7 − 2 = 5 2 + 9 = 11 17 − 8 = 9 11 − 4 = 7 6 − 4 = 2 9 − 2 = 7 5 − 3 = 2 13 − 5 = 8

7 + 5 = 12 11 − 9 = 2 6 − 3 = 3 11 − 8 = 3 5 + 3 = 8 8 + 9 = 17 13 − 6 = 7 9 − 7 = 2 15 − 7 = 8

6 + 4 = 10 6 + 8 = 14 5 + 8 = 13 10 − 5 = 5 6 + 9 = 15 9 − 1 = 8 7 − 5 = 2 2 + 7 = 9 8 + 4 = 12

30

4 + 7 = 11 4 + 8 = 12 3 + 1 = 4 8 − 5 = 3 3 + 3 = 6 10 − 3 = 7 17 − 8 = 9 5 + 9 = 14 13 − 6 = 7

5 − 2 = 3 3 + 5 = 8 8 − 7 = 1 4 + 3 = 7 8 − 3 = 5 4 − 3 = 1 1 + 4 = 5 9 + 4 = 13 8 + 4 = 12

8 − 4 = 4 5 + 5 = 10 5 − 3 = 2 12 − 8 = 4 1 + 8 = 9 14 − 7 = 7 13 − 7 = 6 15 − 7 = 8 5 + 3 = 8

10 − 8 = 2 7 + 4 = 11 14 − 9 = 5 4 + 6 = 10 5 + 4 = 9 9 + 3 = 12 9 − 3 = 6 12 − 6 = 6 9 + 5 = 14

2 + 1 = 3 11 − 2 = 9 4 + 1 = 5 9 − 6 = 3 1 + 7 = 8 4 + 9 = 13 6 − 4 = 2 7 + 6 = 13 11 − 3 = 8

4 + 5 = 9 3 + 8 = 11 12 − 9 = 3 5 − 4 = 1 7 + 1 = 8 10 − 5 = 5 11 − 6 = 5 18 − 9 = 9 9 − 0 = 9

5 + 8 = 13 11 − 7 = 4 7 + 5 = 12 8 + 9 = 17 7 + 3 = 10 17 − 9 = 8 9 + 1 = 10 13 − 4 = 9 7 − 6 = 1

1 + 5 = 6 5 + 2 = 7 10 − 6 = 4 12 − 5 = 7 9 + 8 = 17 4 + 4 = 8 9 − 2 = 7 15 − 8 = 7 8 + 2 = 10

14 − 5 = 9 2 + 2 = 4 1 + 3 = 4 9 + 7 = 16 15 − 6 = 9 8 − 2 = 6 2 + 7 = 9 1 + 9 = 10 16 − 9 = 7

31

6 − 4 = 2	2 + 6 = 8	14 − 8 = 6	12 − 9 = 3	6 − 3 = 3	8 + 5 = 13	4 − 2 = 2	3 + 8 = 11	13 − 9 = 4
13 − 7 = 6	12 − 7 = 5	6 + 3 = 9	13 − 5 = 8	4 + 4 = 8	4 + 1 = 5	9 − 4 = 5	11 − 3 = 8	5 + 9 = 14
5 + 2 = 7	2 + 1 = 3	4 − 3 = 1	17 − 9 = 8	3 + 6 = 9	8 + 8 = 16	6 + 7 = 13	5 + 7 = 12	5 − 3 = 2
9 + 4 = 13	15 − 8 = 7	17 − 8 = 9	14 − 7 = 7	6 + 2 = 8	15 − 7 = 8	10 − 7 = 3	9 + 3 = 12	14 − 9 = 5
4 + 5 = 9	1 + 5 = 6	4 + 2 = 6	10 − 4 = 6	9 − 5 = 4	9 − 2 = 7	5 + 6 = 11	13 − 6 = 7	8 + 7 = 15
1 + 3 = 4	16 − 7 = 9	1 + 4 = 5	7 − 3 = 4	11 − 8 = 3	13 − 4 = 9	7 − 5 = 2	5 + 5 = 10	7 + 1 = 8
4 + 8 = 12	9 − 7 = 2	3 − 2 = 1	3 + 9 = 12	8 + 3 = 11	1 + 2 = 3	6 + 1 = 7	1 + 7 = 8	9 − 3 = 6
2 + 4 = 6	3 + 7 = 10	4 + 9 = 13	7 + 7 = 14	4 + 3 = 7	6 + 5 = 11	12 − 6 = 6	16 − 8 = 8	12 − 8 = 4
18 − 9 = 9	5 + 4 = 9	6 − 5 = 1	8 − 5 = 3	2 + 9 = 11	6 + 4 = 10	8 − 4 = 4	5 − 4 = 1	3 + 3 = 6

32

14 − 7 = 7	12 − 8 = 4	9 + 3 = 12	7 + 8 = 15	12 − 7 = 5	7 + 3 = 10	1 + 8 = 9	5 + 7 = 12	15 − 7 = 8
12 − 4 = 8	12 − 6 = 6	2 + 5 = 7	9 + 4 = 13	17 − 9 = 8	6 + 6 = 12	3 + 3 = 6	8 − 7 = 1	8 + 8 = 16
18 − 9 = 9	7 + 5 = 12	4 + 7 = 11	5 − 4 = 1	8 + 4 = 12	6 − 5 = 1	13 − 8 = 5	11 − 6 = 5	6 − 4 = 2
3 − 2 = 1	17 − 8 = 9	7 − 4 = 3	2 + 8 = 10	6 + 2 = 8	11 − 7 = 4	14 − 8 = 6	6 + 4 = 10	4 + 3 = 7
11 − 2 = 9	12 − 3 = 9	2 + 4 = 6	2 + 2 = 4	16 − 8 = 8	10 − 3 = 7	16 − 9 = 7	16 − 7 = 9	7 + 4 = 11
11 − 3 = 8	5 + 2 = 7	2 + 6 = 8	8 − 3 = 5	4 + 8 = 12	2 + 3 = 5	8 + 3 = 11	13 − 4 = 9	5 + 3 = 8
4 + 5 = 9	9 + 8 = 17	8 + 9 = 17	13 − 7 = 6	4 + 4 = 8	13 − 5 = 8	5 + 4 = 9	7 − 3 = 4	6 + 1 = 7
5 − 2 = 3	10 − 1 = 9	6 + 7 = 13	4 + 1 = 5	4 + 9 = 13	15 − 8 = 7	7 + 7 = 14	4 − 3 = 1	8 − 4 = 4
10 − 6 = 4	3 + 2 = 5	4 + 6 = 10	15 − 6 = 9	13 − 6 = 7	1 + 6 = 7	3 + 8 = 11	12 − 5 = 7	3 + 7 = 10

33

5 + 6 = 11	16 − 8 = 8	7 + 2 = 9	4 + 1 = 5	8 + 4 = 12	2 + 2 = 4	6 + 8 = 14	6 + 5 = 11	10 − 2 = 8
7 − 6 = 1	4 + 7 = 11	9 + 4 = 13	9 + 3 = 12	8 + 8 = 16	14 − 8 = 6	15 − 8 = 7	13 − 5 = 8	7 + 5 = 12
2 + 5 = 7	11 − 3 = 8	10 − 3 = 7	17 − 9 = 8	14 − 6 = 8	9 − 8 = 1	3 + 1 = 4	2 + 3 = 5	7 + 8 = 15
15 − 7 = 8	3 + 9 = 12	7 + 1 = 8	4 − 2 = 2	11 − 4 = 7	2 + 8 = 10	6 − 3 = 3	4 + 9 = 13	5 + 9 = 14
4 + 8 = 12	18 − 9 = 9	10 − 8 = 2	17 − 8 = 9	5 + 2 = 7	12 − 7 = 5	8 − 7 = 1	13 − 4 = 9	9 − 5 = 4
4 − 3 = 1	7 + 6 = 13	7 − 4 = 3	6 − 4 = 2	16 − 7 = 9	1 + 2 = 3	10 − 5 = 5	12 − 5 = 7	14 − 7 = 7
8 + 5 = 13	7 + 4 = 11	7 − 5 = 2	9 − 3 = 6	16 − 9 = 7	5 + 1 = 6	6 + 9 = 15	2 + 9 = 11	5 + 4 = 9
10 − 6 = 4	3 + 7 = 10	2 + 4 = 6	5 + 8 = 13	1 + 6 = 7	6 + 3 = 9	15 − 6 = 9	6 + 7 = 13	2 + 7 = 9
8 + 3 = 11	8 + 9 = 17	7 − 3 = 4	15 − 9 = 6	8 − 2 = 6	1 + 4 = 5	3 − 2 = 1	9 − 0 = 9	11 − 7 = 4

34

10 − 4 = 6	6 + 6 = 12	2 + 7 = 9	1 + 5 = 6	5 + 5 = 10	7 + 5 = 12	17 − 8 = 9	3 + 3 = 6	2 + 9 = 11
16 − 8 = 8	7 − 5 = 2	15 − 7 = 8	6 + 1 = 7	1 + 3 = 4	9 + 3 = 12	2 + 5 = 7	6 − 4 = 2	5 + 4 = 9
6 + 3 = 9	15 − 9 = 6	2 + 4 = 6	12 − 9 = 3	11 − 4 = 7	8 + 4 = 12	12 − 3 = 9	8 − 5 = 3	8 − 2 = 6
12 − 8 = 4	1 + 4 = 5	3 + 8 = 11	5 + 8 = 13	9 + 5 = 14	12 − 7 = 5	11 − 5 = 6	4 + 5 = 9	4 + 4 = 8
3 + 1 = 4	11 − 3 = 8	4 − 3 = 1	14 − 6 = 8	3 + 5 = 8	3 − 2 = 1	5 + 6 = 11	3 + 6 = 9	8 + 5 = 13
7 − 3 = 4	5 + 1 = 6	17 − 9 = 8	6 + 4 = 10	8 − 3 = 5	5 + 7 = 12	8 − 7 = 1	8 + 6 = 14	9 + 2 = 11
5 − 2 = 3	11 − 9 = 2	16 − 9 = 7	14 − 9 = 5	8 + 2 = 10	6 − 3 = 3	7 + 7 = 14	9 + 8 = 17	9 − 5 = 4
4 + 7 = 11	6 + 2 = 8	2 + 3 = 5	8 + 8 = 16	14 − 7 = 7	10 − 5 = 5	18 − 9 = 9	8 − 6 = 2	11 − 2 = 9
4 + 1 = 5	6 − 2 = 4	5 − 3 = 2	9 − 3 = 6	7 − 6 = 1	4 + 6 = 10	9 − 4 = 5	6 + 7 = 13	16 − 7 = 9

35

3 − 2 = 1	2 + 8 = 10	16 − 7 = 9	8 + 4 = 12	15 − 6 = 9	6 + 2 = 8	10 − 4 = 6	13 − 8 = 5	5 + 2 = 7
8 + 8 = 16	14 − 7 = 7	3 + 4 = 7	2 + 4 = 6	6 − 2 = 4	7 + 2 = 9	3 + 7 = 10	7 − 3 = 4	4 + 3 = 7
5 + 1 = 6	14 − 6 = 8	6 + 8 = 14	13 − 5 = 8	8 + 6 = 14	12 − 5 = 7	2 + 1 = 3	5 − 3 = 2	11 − 9 = 2
6 + 5 = 11	13 − 7 = 6	12 − 7 = 5	7 + 1 = 8	9 − 4 = 5	2 + 5 = 7	2 + 3 = 5	14 − 5 = 9	3 + 1 = 4
7 + 4 = 11	4 + 8 = 12	7 − 4 = 3	3 + 2 = 5	7 − 6 = 1	7 + 6 = 13	17 − 9 = 8	2 + 2 = 4	4 + 9 = 13
5 + 9 = 14	9 − 5 = 4	6 − 4 = 2	8 + 5 = 13	17 − 8 = 9	4 + 6 = 10	9 − 3 = 6	2 + 7 = 9	7 + 8 = 15
10 − 6 = 4	4 − 2 = 2	6 − 5 = 1	10 − 2 = 8	12 − 3 = 9	5 − 2 = 3	10 − 5 = 5	1 + 7 = 8	8 − 5 = 3
5 − 4 = 1	1 + 5 = 6	4 + 1 = 5	7 + 7 = 14	10 − 8 = 2	4 + 2 = 6	4 − 3 = 1	18 − 9 = 9	7 + 5 = 12
10 − 7 = 3	16 − 8 = 8	1 + 2 = 3	8 − 2 = 6	4 + 7 = 11	2 + 6 = 8	3 + 3 = 6	4 + 4 = 8	11 − 5 = 6

36

9 − 2 = 7	7 − 3 = 4	7 − 4 = 3	8 + 5 = 13	1 + 3 = 4	8 − 3 = 5	3 + 1 = 4	6 − 2 = 4	9 − 7 = 2
9 + 8 = 17	7 + 8 = 15	8 + 2 = 10	3 + 5 = 8	16 − 7 = 9	8 − 2 = 6	16 − 8 = 8	8 + 1 = 9	3 − 2 = 1
14 − 9 = 5	8 + 3 = 11	12 − 5 = 7	7 + 5 = 12	11 − 7 = 4	17 − 8 = 9	2 + 1 = 3	6 + 2 = 8	11 − 8 = 3
4 + 2 = 6	4 − 2 = 2	7 − 2 = 5	9 − 6 = 3	9 + 7 = 16	7 + 3 = 10	18 − 9 = 9	15 − 7 = 8	8 − 7 = 1
2 + 2 = 4	5 − 2 = 3	11 − 5 = 6	2 + 5 = 7	8 + 6 = 14	6 + 5 = 11	11 − 6 = 5	17 − 9 = 8	14 − 8 = 6
3 + 4 = 7	9 + 5 = 14	11 − 4 = 7	14 − 5 = 9	15 − 8 = 7	13 − 5 = 8	9 − 1 = 8	1 + 5 = 6	9 − 3 = 6
10 − 5 = 5	6 + 6 = 12	13 − 7 = 6	1 + 4 = 5	4 + 9 = 13	6 + 8 = 14	2 + 6 = 8	4 + 7 = 11	4 − 3 = 1
4 + 4 = 8	2 + 3 = 5	3 + 8 = 11	5 + 7 = 12	7 + 2 = 9	4 + 6 = 10	9 + 3 = 12	7 + 4 = 11	5 + 6 = 11
8 + 7 = 15	5 − 3 = 2	8 + 4 = 12	3 + 2 = 5	13 − 4 = 9	6 − 5 = 1	4 + 3 = 7	8 − 5 = 3	10 − 8 = 2

37

13 − 5 = 8	18 − 9 = 9	7 + 6 = 13	4 + 7 = 11	4 − 2 = 2	10 − 5 = 5	6 + 2 = 8	5 + 7 = 12	5 − 3 = 2
7 + 4 = 11	3 + 2 = 5	9 − 1 = 8	7 + 9 = 16	13 − 4 = 9	7 − 2 = 5	4 + 1 = 5	6 + 7 = 13	2 + 5 = 7
5 + 2 = 7	12 − 8 = 4	2 + 7 = 9	4 + 3 = 7	17 − 8 = 9	15 − 7 = 8	17 − 9 = 8	16 − 8 = 8	3 + 8 = 11
16 − 7 = 9	3 + 1 = 4	10 − 3 = 7	9 − 2 = 7	15 − 9 = 6	6 − 4 = 2	15 − 8 = 7	4 + 5 = 9	9 − 7 = 2
1 + 9 = 10	5 − 2 = 3	10 − 2 = 8	6 + 8 = 14	5 + 8 = 13	13 − 6 = 7	8 + 6 = 14	8 + 5 = 13	10 − 4 = 6
7 − 4 = 3	3 + 5 = 8	12 − 7 = 5	9 + 2 = 11	8 − 6 = 2	7 − 6 = 1	9 + 7 = 16	9 + 8 = 17	13 − 8 = 5
6 + 1 = 7	2 + 3 = 5	9 − 3 = 6	10 − 1 = 9	9 + 6 = 15	7 − 3 = 4	8 + 8 = 16	8 − 5 = 3	14 − 5 = 9
8 + 2 = 10	5 + 4 = 9	6 + 9 = 15	5 + 3 = 8	11 − 6 = 5	9 + 1 = 10	7 + 7 = 14	9 − 4 = 5	1 + 4 = 5
3 − 2 = 1	11 − 4 = 7	9 + 3 = 12	5 + 1 = 6	5 + 5 = 10	1 + 8 = 9	4 + 4 = 8	11 − 9 = 2	8 − 3 = 5

38

1 + 7 = 8	6 − 2 = 4	12 − 8 = 4	2 + 4 = 6	13 − 5 = 8	13 − 6 = 7	17 − 8 = 9	16 − 9 = 7	8 − 6 = 2
14 − 6 = 8	3 − 2 = 1	3 + 3 = 6	5 − 3 = 2	9 − 6 = 3	8 + 5 = 13	13 − 4 = 9	11 − 8 = 3	16 − 7 = 9
2 + 7 = 9	9 + 9 = 18	12 − 3 = 9	17 − 9 = 8	6 + 2 = 8	11 − 5 = 6	9 − 3 = 6	12 − 4 = 8	8 + 9 = 17
4 − 3 = 1	8 + 4 = 12	5 + 5 = 10	16 − 8 = 8	15 − 8 = 7	9 − 8 = 1	1 + 2 = 3	15 − 6 = 9	7 + 4 = 11
2 + 9 = 11	4 − 2 = 2	4 + 3 = 7	4 + 6 = 10	2 + 6 = 8	4 + 1 = 5	7 + 5 = 12	8 + 7 = 15	7 − 4 = 3
6 − 3 = 3	14 − 9 = 5	8 + 2 = 10	5 + 8 = 13	7 + 1 = 8	9 − 2 = 7	5 + 4 = 9	18 − 9 = 9	15 − 7 = 8
9 − 1 = 8	10 − 2 = 8	2 + 8 = 10	6 + 8 = 14	4 + 7 = 11	6 + 9 = 15	7 + 6 = 13	1 + 5 = 6	10 − 3 = 7
6 + 4 = 10	2 + 5 = 7	2 + 1 = 3	8 + 8 = 16	14 − 8 = 6	8 − 7 = 1	7 + 2 = 9	3 + 9 = 12	11 − 6 = 5
5 − 2 = 3	4 + 2 = 6	3 + 6 = 9	4 + 8 = 12	8 − 3 = 5	9 + 8 = 17	6 − 4 = 2	3 + 2 = 5	5 + 3 = 8

39

3+8=11	11-4=7	7+5=12	4-3=1	7-2=5	2+1=3	14-6=8	9-0=9	2+5=7
17-8=9	4+6=10	5+4=9	9-6=3	3-2=1	6-2=4	4+5=9	3+5=8	10-3=7
6-5=1	7+4=11	15-7=8	8-4=4	12-8=4	4-2=2	6+8=14	1+3=4	9+1=10
5+6=11	14-8=6	12-5=7	15-9=6	8+7=15	18-9=9	13-4=9	2+6=8	9+3=12
8+2=10	13-6=7	9+4=13	2+9=11	8-2=6	2+2=4	6+6=12	4+8=12	7+7=14
5-2=3	7+8=15	4+7=11	6+7=13	8+5=13	11-3=8	17-9=8	5+1=6	5+5=10
16-9=7	6-3=3	7+6=13	16-7=9	11-8=3	6+9=15	4+3=7	15-6=9	6+4=10
3+1=4	5+9=14	5-3=2	5+8=13	11-6=5	3+6=9	9-8=1	9-1=8	7-6=1
10-2=8	5+2=7	7-4=3	14-9=5	4+1=5	9-7=2	5-4=1	8+3=11	4+9=13

40

3+2=5	6+1=7	16-7=9	1+5=6	6-5=1	7-6=1	5+8=13	15-8=7	5+5=10
5+4=9	7+3=10	6+8=14	5+7=12	2+8=10	8+8=16	9+1=10	12-8=4	15-7=8
3-2=1	5-3=2	3+3=6	7+1=8	12-4=8	9+8=17	7-4=3	7-5=2	14-6=8
16-8=8	4+6=10	9-2=7	6+4=10	6+7=13	17-8=9	2+3=5	4+8=12	7+2=9
8+1=9	9-1=8	2+6=8	7+7=14	14-7=7	6-4=2	3+5=8	9+2=11	5-4=1
3+6=9	5+9=14	9-5=4	17-9=8	3+9=12	13-5=8	7-3=4	12-5=7	5+2=7
14-9=5	11-6=5	10-3=7	18-9=9	4+2=6	8-3=5	5-2=3	4-3=1	4-2=2
11-5=6	8+6=14	8+7=15	13-6=7	8+5=13	1+3=4	10-8=2	2+1=3	1+4=5
4+9=13	3+7=10	6-2=4	7+5=12	14-5=9	14-8=6	6+6=12	11-8=3	10-7=3

41

15-9=6	4+4=8	6-5=1	4-3=1	8-6=2	5+7=12	4+6=10	3-2=1	11-6=5
8-5=3	1+1=2	18-9=9	2+8=10	3+5=8	6+5=11	13-9=4	4-2=2	10-3=7
9+8=17	8+2=10	5-3=2	9-4=5	9-2=7	12-5=7	11-4=7	5+8=13	1+3=4
9+7=16	2+7=9	12-9=3	6+2=8	3+8=11	3+9=12	6-3=3	1+2=3	3+7=10
7-4=3	17-9=8	4+2=6	17-8=9	14-7=7	6+8=14	6+9=15	10-2=8	14-9=5
16-7=9	8-3=5	8-7=1	3+3=6	16-8=8	12-3=9	5+5=10	9+3=12	10-6=4
4+8=12	12-4=8	6+6=12	2+3=5	5-4=1	10-5=5	5+9=14	9-7=2	9-3=6
6+4=10	3+6=9	8+6=14	8+7=15	4+3=7	3+1=4	8+9=17	4+7=11	15-6=9
9+6=15	7+3=10	6-4=2	5+6=11	11-7=4	12-6=6	15-7=8	3+2=5	4+1=5

42

9+1=10	17-8=9	1+7=8	5+2=7	7+2=9	10-4=6	17-9=8	6+3=9	4+8=12
7+8=15	8+6=14	7+7=14	5-4=1	7-3=4	1+6=7	8+2=10	7+3=10	6+6=12
4+7=11	11-4=7	9+3=12	1+3=4	5+7=12	2+1=3	3+1=4	6+9=15	6-4=2
11-2=9	15-7=8	2+3=5	7-4=3	5+3=8	14-6=8	4+5=9	4-2=2	5-2=3
4-3=1	13-7=6	2+9=11	6-3=3	9-1=8	9+7=16	6+5=11	13-8=5	15-6=9
5+9=14	13-5=8	9+5=14	16-9=7	5+5=10	2+7=9	11-6=5	14-9=5	14-8=6
1+1=2	12-9=3	11-3=8	10-3=7	5+8=13	2+6=8	7-5=2	8-3=5	11-8=3
7+4=11	18-9=9	9-3=6	5+6=11	6+4=10	5-3=2	2+8=10	9-7=2	6+2=8
8-5=3	12-4=8	3-2=1	8+7=15	12-5=7	15-8=7	8+4=12	8-2=6	3+8=11

43

5 + 8 = 13	8 − 3 = 5	10 − 3 = 7	17 − 8 = 9	13 − 6 = 7	12 − 6 = 6	3 + 5 = 8	7 − 4 = 3	6 + 2 = 8
2 + 6 = 8	8 − 4 = 4	6 + 6 = 12	5 + 9 = 14	10 − 6 = 4	4 − 3 = 1	4 + 7 = 11	17 − 9 = 8	15 − 9 = 6
3 + 4 = 7	14 − 8 = 6	11 − 8 = 3	3 + 2 = 5	2 + 2 = 4	18 − 9 = 9	2 + 3 = 5	4 + 2 = 6	4 + 5 = 9
8 + 3 = 11	16 − 8 = 8	2 + 7 = 9	11 − 3 = 8	6 + 7 = 13	5 + 2 = 7	8 + 2 = 10	2 + 1 = 3	1 + 5 = 6
3 + 1 = 4	5 + 3 = 8	12 − 7 = 5	12 − 8 = 4	12 − 5 = 7	8 + 7 = 15	7 + 4 = 11	7 − 3 = 4	8 + 6 = 14
8 − 5 = 3	14 − 7 = 7	4 − 2 = 2	7 + 5 = 12	6 + 1 = 7	10 − 1 = 9	6 − 3 = 3	9 − 8 = 1	8 + 1 = 9
3 + 3 = 6	5 + 7 = 12	3 + 8 = 11	9 − 7 = 2	13 − 5 = 8	10 − 5 = 5	6 + 5 = 11	9 − 4 = 5	13 − 7 = 6
5 + 4 = 9	9 + 1 = 10	7 + 3 = 10	7 + 1 = 8	5 − 4 = 1	4 + 6 = 10	11 − 7 = 4	2 + 5 = 7	15 − 8 = 7
1 + 3 = 4	4 + 8 = 12	11 − 5 = 6	12 − 9 = 3	7 − 2 = 5	1 + 7 = 8	12 − 4 = 8	16 − 9 = 7	3 − 2 = 1

44

3 + 3 = 6	3 + 4 = 7	2 + 1 = 3	2 + 3 = 5	18 − 9 = 9	17 − 8 = 9	3 + 5 = 8	5 + 2 = 7	2 + 8 = 10
14 − 7 = 7	2 + 6 = 8	3 + 7 = 10	5 + 1 = 6	14 − 5 = 9	14 − 8 = 6	4 + 2 = 6	3 − 2 = 1	4 − 3 = 1
11 − 3 = 8	7 + 2 = 9	7 + 7 = 14	11 − 7 = 4	13 − 5 = 8	10 − 6 = 4	7 − 4 = 3	8 + 5 = 13	4 + 9 = 13
6 + 2 = 8	9 − 8 = 1	6 + 3 = 9	12 − 3 = 9	2 + 9 = 11	13 − 6 = 7	10 − 8 = 2	7 − 6 = 1	1 + 3 = 4
5 + 4 = 9	10 − 7 = 3	9 + 6 = 15	6 − 4 = 2	15 − 9 = 6	14 − 6 = 8	6 + 4 = 10	5 + 3 = 8	8 − 3 = 5
12 − 4 = 8	4 + 8 = 12	11 − 5 = 6	10 − 2 = 8	13 − 8 = 5	8 − 5 = 3	16 − 8 = 8	9 − 6 = 3	16 − 7 = 9
8 + 4 = 12	4 + 1 = 5	6 − 2 = 4	8 + 3 = 11	9 − 1 = 8	15 − 6 = 9	5 + 9 = 14	8 + 2 = 10	7 − 3 = 4
3 + 2 = 5	6 − 3 = 3	7 − 2 = 5	6 + 5 = 11	5 + 8 = 13	2 + 5 = 7	9 − 4 = 5	8 + 1 = 9	7 + 3 = 10
5 − 4 = 1	7 + 4 = 11	2 + 2 = 4	8 − 6 = 2	4 + 6 = 10	2 + 7 = 9	7 + 5 = 12	3 + 1 = 4	12 − 7 = 5

45

15 − 7 = 8	9 + 2 = 11	5 − 4 = 1	7 + 2 = 9	4 + 3 = 7	12 − 6 = 6	7 + 3 = 10	6 + 7 = 13	7 + 4 = 11
4 + 5 = 9	7 − 5 = 2	1 + 9 = 10	9 − 7 = 2	1 + 8 = 9	13 − 5 = 8	8 − 4 = 4	8 + 5 = 13	8 − 6 = 2
8 + 4 = 12	2 + 8 = 10	7 + 6 = 13	9 + 5 = 14	11 − 8 = 3	1 + 6 = 7	17 − 8 = 9	11 − 5 = 6	7 + 1 = 8
3 − 2 = 1	14 − 7 = 7	5 + 6 = 11	14 − 6 = 8	9 + 1 = 10	4 + 2 = 6	10 − 1 = 9	4 + 6 = 10	10 − 3 = 7
9 + 6 = 15	6 − 5 = 1	14 − 5 = 9	8 + 6 = 14	7 + 5 = 12	5 − 3 = 2	11 − 7 = 4	15 − 8 = 7	2 + 4 = 6
18 − 9 = 9	13 − 8 = 5	5 + 9 = 14	8 + 3 = 11	2 + 2 = 4	10 − 5 = 5	6 − 3 = 3	9 + 4 = 13	15 − 9 = 6
9 + 8 = 17	9 − 0 = 9	7 − 6 = 1	2 + 7 = 9	12 − 7 = 5	5 + 3 = 8	12 − 8 = 4	6 + 6 = 12	11 − 9 = 2
8 + 2 = 10	8 − 2 = 6	6 + 2 = 8	5 + 4 = 9	12 − 4 = 8	17 − 9 = 8	12 − 5 = 7	3 + 2 = 5	6 − 2 = 4
15 − 6 = 9	5 + 7 = 12	6 + 5 = 11	10 − 4 = 6	3 + 5 = 8	9 − 8 = 1	5 − 4 = 13	6 + 1 = 2	5 + 4 = 6

46

8 + 5 = 13	2 + 6 = 8	3 + 9 = 12	11 − 3 = 8	12 − 5 = 7	3 + 7 = 10	3 + 6 = 9	2 + 8 = 10	14 − 5 = 9
13 − 5 = 8	10 − 8 = 2	5 − 3 = 2	4 − 2 = 2	7 + 7 = 14	5 + 9 = 14	4 + 8 = 12	10 − 6 = 4	8 − 4 = 4
3 − 2 = 1	5 + 8 = 13	5 + 4 = 9	9 + 8 = 17	13 − 7 = 6	5 + 1 = 6	18 − 9 = 9	7 + 4 = 11	8 + 1 = 9
3 + 4 = 7	8 + 2 = 10	15 − 8 = 7	14 − 9 = 5	10 − 5 = 5	9 + 6 = 15	7 + 2 = 9	4 + 5 = 9	3 + 2 = 5
15 − 7 = 8	5 + 3 = 8	5 − 2 = 3	2 + 3 = 5	4 + 3 = 7	17 − 8 = 9	8 + 7 = 15	4 − 3 = 1	5 + 2 = 7
7 − 4 = 3	16 − 8 = 8	8 + 8 = 16	9 − 5 = 4	2 + 4 = 6	6 + 8 = 14	8 − 7 = 1	9 − 2 = 7	9 − 8 = 1
13 − 9 = 4	6 − 5 = 1	13 − 6 = 7	11 − 7 = 4	5 − 4 = 1	10 − 9 = 1	6 + 1 = 7	17 − 9 = 8	8 + 4 = 12
12 − 7 = 5	13 − 8 = 5	1 + 7 = 8	8 + 6 = 14	2 + 7 = 9	14 − 6 = 8	3 + 5 = 8	12 − 8 = 4	1 + 6 = 7
9 + 5 = 14	15 − 6 = 9	6 + 7 = 13	9 − 3 = 6	9 + 3 = 12	7 − 3 = 4	16 − 9 = 7	1 + 5 = 6	6 + 4 = 10

47

15 − 8 = 7	8 + 4 = 12	12 − 5 = 7	10 − 9 = 1	3 + 7 = 10	15 − 6 = 9	7 − 5 = 2	10 − 8 = 2	3 + 4 = 7
2 + 6 = 8	3 + 2 = 5	13 − 7 = 6	10 − 4 = 6	16 − 7 = 9	8 + 7 = 15	10 − 2 = 8	12 − 8 = 4	12 − 7 = 5
17 − 8 = 9	4 + 7 = 11	10 − 6 = 4	6 − 5 = 1	9 + 7 = 16	2 + 2 = 4	11 − 4 = 7	15 − 7 = 8	4 + 4 = 8
11 − 6 = 5	8 + 3 = 11	9 − 4 = 5	9 − 3 = 6	5 + 8 = 13	8 − 5 = 3	5 + 4 = 9	12 − 4 = 8	6 + 1 = 7
7 + 8 = 15	7 − 6 = 1	8 + 2 = 10	14 − 6 = 8	6 + 7 = 13	6 + 5 = 11	12 − 3 = 9	4 + 9 = 13	3 − 2 = 1
6 + 6 = 12	4 + 3 = 7	11 − 7 = 4	6 + 2 = 8	5 + 5 = 10	12 − 9 = 3	9 + 3 = 12	4 + 1 = 5	4 + 2 = 6
2 + 4 = 6	13 − 5 = 8	7 + 5 = 12	14 − 9 = 5	11 − 3 = 8	8 − 7 = 1	18 − 9 = 9	2 + 7 = 9	7 + 9 = 16
9 − 2 = 7	5 + 2 = 7	8 + 6 = 14	7 + 1 = 8	6 − 3 = 3	7 − 3 = 4	3 + 3 = 6	16 − 8 = 8	10 − 3 = 7
17 − 9 = 8	14 − 7 = 7	7 + 4 = 11	2 + 8 = 10	8 + 5 = 13	1 + 7 = 8	5 + 9 = 14	9 + 8 = 17	8 + 8 = 16

48

1 + 7 = 8	13 − 5 = 8	4 + 1 = 5	7 − 3 = 4	18 − 9 = 9	7 + 1 = 8	1 + 2 = 3	9 − 3 = 6	7 + 9 = 16
4 + 3 = 7	6 + 6 = 12	5 + 2 = 7	5 + 9 = 14	2 + 7 = 9	1 + 6 = 7	3 + 7 = 10	5 − 4 = 1	5 + 7 = 12
8 + 4 = 12	2 + 5 = 7	3 + 9 = 12	15 − 7 = 8	3 + 5 = 8	4 − 2 = 2	3 + 1 = 4	2 + 8 = 10	5 + 5 = 10
14 − 8 = 6	6 + 2 = 8	1 + 8 = 9	10 − 6 = 4	8 + 3 = 11	17 − 8 = 9	10 − 4 = 6	8 − 5 = 3	6 − 3 = 3
5 − 2 = 3	15 − 8 = 7	7 + 2 = 9	4 − 3 = 1	7 + 3 = 10	6 + 1 = 7	16 − 8 = 8	11 − 3 = 8	16 − 7 = 9
8 − 7 = 1	2 + 3 = 5	8 + 1 = 9	8 + 5 = 13	7 + 8 = 15	13 − 6 = 7	4 + 2 = 6	13 − 7 = 6	4 + 5 = 9
2 + 9 = 11	5 + 3 = 8	8 + 2 = 10	17 − 9 = 8	6 − 4 = 2	13 − 9 = 4	13 − 8 = 5	10 − 3 = 7	10 − 7 = 3
14 − 6 = 8	9 − 6 = 3	3 + 3 = 6	1 + 3 = 4	9 − 4 = 5	9 + 6 = 15	3 − 2 = 1	7 − 6 = 1	8 − 6 = 2
15 − 6 = 9	11 − 6 = 5	8 − 3 = 5	5 + 1 = 6	9 − 1 = 8	9 + 9 = 18	6 − 5 = 1	11 − 2 = 9	3 + 6 = 9

49

8 − 5 = 3	3 − 2 = 1	17 − 9 = 8	5 + 8 = 13	8 + 5 = 13	16 − 8 = 8	7 + 7 = 14	18 − 9 = 9	4 + 8 = 12
6 + 7 = 13	8 + 2 = 10	15 − 9 = 6	10 − 5 = 5	16 − 7 = 9	7 + 5 = 12	5 + 3 = 8	6 + 1 = 7	6 − 5 = 1
5 + 6 = 11	4 − 3 = 1	4 + 7 = 11	8 − 4 = 4	2 + 3 = 5	9 + 4 = 13	3 + 6 = 9	5 − 4 = 1	8 + 8 = 16
4 + 4 = 8	12 − 3 = 9	7 + 9 = 16	6 + 5 = 11	11 − 6 = 5	6 + 2 = 8	9 − 2 = 7	3 + 2 = 5	4 + 9 = 13
9 + 8 = 17	14 − 6 = 8	14 − 8 = 6	2 + 6 = 8	7 − 4 = 3	7 + 8 = 15	13 − 8 = 5	7 − 2 = 5	9 − 5 = 4
10 − 7 = 3	4 + 6 = 10	17 − 8 = 9	12 − 8 = 4	4 + 5 = 9	15 − 8 = 7	7 + 1 = 8	7 − 3 = 4	7 + 3 = 10
10 − 3 = 7	5 + 4 = 9	6 − 4 = 2	4 + 3 = 7	11 − 9 = 2	8 − 6 = 2	8 + 3 = 11	4 − 2 = 2	4 + 2 = 6
13 − 7 = 6	1 + 7 = 8	6 + 4 = 10	7 − 5 = 2	14 − 7 = 7	12 − 9 = 3	1 + 5 = 6	6 + 8 = 14	6 − 2 = 4
13 − 5 = 8	5 + 9 = 14	14 − 9 = 5	5 − 3 = 2	5 − 2 = 3	6 + 3 = 9	2 + 8 = 10	2 + 4 = 6	1 + 8 = 9

50

7 − 3 = 4	5 + 1 = 6	3 + 6 = 9	2 + 4 = 6	8 + 2 = 10	16 − 9 = 7	1 + 4 = 5	2 + 8 = 10	6 + 6 = 12
6 − 4 = 2	4 − 3 = 1	2 + 9 = 11	6 + 8 = 14	17 − 9 = 8	6 + 3 = 9	3 − 2 = 1	7 + 3 = 10	16 − 8 = 8
2 + 5 = 7	9 + 4 = 13	7 + 5 = 12	11 − 6 = 5	8 + 4 = 12	11 − 8 = 3	15 − 7 = 8	2 + 2 = 4	6 + 9 = 15
5 + 4 = 9	2 + 7 = 9	12 − 6 = 6	14 − 7 = 7	4 + 3 = 7	15 − 9 = 6	1 + 1 = 2	3 + 4 = 7	11 − 4 = 7
9 + 6 = 15	2 + 6 = 8	10 − 6 = 4	13 − 9 = 4	5 + 6 = 11	10 − 3 = 7	9 + 3 = 12	12 − 9 = 3	4 + 2 = 6
1 + 5 = 6	10 − 2 = 8	8 − 2 = 6	12 − 7 = 5	8 − 4 = 4	9 − 4 = 5	15 − 8 = 7	18 − 9 = 9	15 − 6 = 9
7 + 4 = 11	3 + 2 = 5	10 − 8 = 2	1 + 8 = 9	6 − 5 = 1	5 − 3 = 2	16 − 7 = 9	7 + 6 = 13	12 − 5 = 7
4 + 4 = 8	5 − 4 = 1	8 − 6 = 2	2 + 3 = 5	5 + 8 = 13	7 + 2 = 9	3 + 5 = 8	3 + 7 = 10	5 − 2 = 3
6 + 4 = 10	1 + 2 = 3	11 − 7 = 4	4 − 2 = 2	7 − 6 = 1	8 − 5 = 3	9 − 6 = 3	5 + 2 = 7	11 − 3 = 8

51

6 − 2 = 4	11 − 3 = 8	6 + 3 = 9	6 − 4 = 2	11 − 4 = 7	4 − 3 = 1	16 − 9 = 7	14 − 8 = 6	8 + 5 = 13
13 − 7 = 6	10 − 6 = 4	18 − 9 = 9	2 + 7 = 9	8 − 3 = 5	2 + 2 = 4	3 + 4 = 7	4 + 8 = 12	3 + 8 = 11
7 − 6 = 1	8 + 3 = 11	15 − 7 = 8	1 + 3 = 4	4 − 2 = 2	9 − 3 = 6	8 + 4 = 12	2 + 6 = 8	15 − 6 = 9
7 + 5 = 12	10 − 7 = 3	1 + 7 = 8	12 − 6 = 6	4 + 4 = 8	9 − 7 = 2	7 + 3 = 10	7 + 7 = 14	9 − 6 = 3
14 − 7 = 7	10 − 8 = 2	12 − 4 = 8	17 − 9 = 8	9 + 1 = 10	3 + 1 = 4	5 − 4 = 1	3 + 9 = 12	6 + 2 = 8
8 + 9 = 17	14 − 9 = 5	2 + 3 = 5	5 − 3 = 2	3 + 5 = 8	15 − 8 = 7	5 − 2 = 3	6 + 5 = 11	16 − 8 = 8
8 − 6 = 2	9 + 7 = 16	4 + 5 = 9	5 + 4 = 9	5 + 7 = 12	4 + 9 = 13	11 − 6 = 5	6 + 6 = 12	8 + 8 = 16
4 + 6 = 10	7 − 4 = 3	1 + 8 = 9	9 + 6 = 15	7 + 4 = 11	12 − 8 = 4	9 − 2 = 7	8 − 2 = 6	14 − 6 = 8
11 − 2 = 9	13 − 8 = 5	6 + 8 = 14	6 + 4 = 10	14 − 5 = 9	5 + 2 = 7	3 + 6 = 9	2 + 1 = 3	8 + 1 = 9

52

17 − 9 = 8	8 + 7 = 15	4 + 3 = 7	9 + 2 = 11	6 + 8 = 14	6 + 6 = 12	8 − 5 = 3	11 − 7 = 4	7 + 5 = 12
5 + 2 = 7	7 − 3 = 4	14 − 8 = 6	8 − 3 = 5	8 + 8 = 16	3 − 2 = 1	8 + 6 = 14	12 − 3 = 9	5 + 1 = 6
8 − 7 = 1	9 + 3 = 12	7 + 8 = 15	15 − 6 = 9	14 − 7 = 7	2 + 9 = 11	3 + 4 = 7	13 − 9 = 4	5 + 3 = 8
9 − 2 = 7	4 + 9 = 13	9 + 7 = 16	7 + 6 = 13	4 + 5 = 9	5 + 5 = 10	2 + 1 = 3	6 − 5 = 1	13 − 6 = 7
3 + 3 = 6	12 − 7 = 5	4 + 2 = 6	1 + 7 = 8	6 + 3 = 9	13 − 7 = 6	10 − 6 = 4	2 + 6 = 8	6 − 4 = 2
14 − 6 = 8	11 − 3 = 8	10 − 2 = 8	5 + 8 = 13	4 + 6 = 10	7 + 4 = 11	3 + 5 = 8	15 − 9 = 6	4 + 7 = 11
16 − 8 = 8	10 − 4 = 6	6 + 7 = 13	2 + 8 = 10	12 − 4 = 8	3 + 1 = 4	7 − 4 = 3	16 − 9 = 7	6 + 2 = 8
9 + 5 = 14	10 − 8 = 2	12 − 8 = 4	4 − 3 = 1	3 + 7 = 10	6 − 3 = 3	5 − 3 = 2	11 − 5 = 6	2 + 5 = 7
1 + 9 = 10	3 + 8 = 11	10 − 7 = 3	15 − 8 = 7	9 + 6 = 15	11 − 9 = 2	13 − 5 = 8	10 − 3 = 7	17 − 8 = 9

53

17 − 9 = 8	8 + 2 = 10	14 − 6 = 8	6 + 7 = 13	17 − 8 = 9	8 − 3 = 5	13 − 7 = 6	3 + 6 = 9	3 + 5 = 8
5 − 4 = 1	3 − 2 = 1	5 + 9 = 14	16 − 7 = 9	4 − 3 = 1	5 − 3 = 2	4 + 9 = 13	7 − 5 = 2	15 − 6 = 9
2 + 3 = 5	3 + 2 = 5	1 + 2 = 3	8 + 9 = 17	13 − 6 = 7	7 + 3 = 10	5 + 3 = 8	11 − 5 = 6	18 − 9 = 9
2 + 2 = 4	7 + 2 = 9	6 − 5 = 1	8 + 7 = 15	3 + 4 = 7	9 + 5 = 14	9 + 8 = 17	15 − 8 = 7	7 + 6 = 13
11 − 6 = 5	6 + 9 = 15	7 − 3 = 4	8 − 5 = 3	1 + 4 = 5	8 + 4 = 12	9 + 7 = 16	6 + 3 = 9	7 − 4 = 3
8 − 4 = 4	16 − 8 = 8	11 − 4 = 7	10 − 4 = 6	6 − 4 = 2	6 + 1 = 7	8 + 1 = 9	7 + 1 = 8	2 + 9 = 11
14 − 7 = 7	3 + 8 = 11	14 − 8 = 6	9 − 1 = 8	2 + 1 = 3	6 + 2 = 8	11 − 9 = 2	13 − 9 = 4	2 + 4 = 6
15 − 7 = 8	7 + 5 = 12	5 − 2 = 3	4 − 2 = 2	8 + 5 = 13	5 + 8 = 13	15 − 9 = 6	12 − 8 = 4	1 + 8 = 9
5 + 6 = 11	1 + 5 = 6	6 + 6 = 12	12 − 3 = 9	9 + 3 = 12	9 − 5 = 4	6 + 5 = 11	12 − 4 = 8	9 − 8 = 1

54

11 − 5 = 6	5 + 1 = 6	3 + 9 = 12	1 + 9 = 10	15 − 9 = 6	7 − 4 = 3	4 + 4 = 8	18 − 9 = 9	5 − 4 = 1
4 + 6 = 10	5 − 3 = 2	6 + 3 = 9	7 + 1 = 8	4 + 5 = 9	11 − 8 = 3	7 + 8 = 15	5 + 2 = 7	9 + 1 = 10
9 + 9 = 18	13 − 4 = 9	7 + 5 = 12	17 − 9 = 8	5 + 3 = 8	10 − 6 = 4	1 + 6 = 7	14 − 8 = 6	7 + 6 = 13
3 + 4 = 7	7 + 7 = 14	12 − 4 = 8	12 − 7 = 5	16 − 7 = 9	5 + 4 = 9	7 + 9 = 16	9 + 6 = 15	14 − 5 = 9
2 + 7 = 9	17 − 8 = 9	2 + 2 = 4	6 − 4 = 2	14 − 6 = 8	10 − 3 = 7	7 − 3 = 4	4 − 3 = 1	9 + 3 = 12
13 − 9 = 4	10 − 7 = 3	1 + 1 = 2	12 − 9 = 3	9 + 4 = 13	15 − 6 = 9	6 − 3 = 3	6 + 8 = 14	2 + 4 = 6
3 + 3 = 6	3 + 8 = 11	6 − 5 = 1	2 + 6 = 8	1 + 3 = 4	9 − 7 = 2	5 + 6 = 11	15 − 7 = 8	4 − 2 = 2
3 + 2 = 5	4 + 7 = 11	6 + 5 = 11	8 − 7 = 1	13 − 7 = 6	7 + 2 = 9	8 + 9 = 17	14 − 7 = 7	6 − 2 = 4
1 + 7 = 8	3 − 2 = 1	11 − 6 = 5	4 + 9 = 13	8 − 6 = 2	5 − 2 = 3	9 − 4 = 5	10 − 4 = 6	5 + 7 = 12

55

12 − 7 = 5	6 + 5 = 11	3 + 7 = 10	11 − 5 = 6	11 − 9 = 2	2 + 6 = 8	9 − 6 = 3	2 + 2 = 4	10 − 4 = 6
5 − 4 = 1	9 + 5 = 14	3 + 3 = 6	8 + 3 = 11	17 − 8 = 9	8 + 4 = 12	13 − 5 = 8	16 − 8 = 8	1 + 7 = 8
6 + 8 = 14	12 − 4 = 8	7 − 3 = 4	6 + 4 = 10	8 − 5 = 3	3 + 5 = 8	4 + 9 = 13	9 + 2 = 11	5 + 1 = 6
4 + 6 = 10	11 − 6 = 5	10 − 7 = 3	6 + 2 = 8	16 − 9 = 7	7 + 8 = 15	2 + 8 = 10	18 − 9 = 9	3 + 4 = 7
17 − 9 = 8	7 + 7 = 14	9 − 3 = 6	9 − 7 = 2	3 + 6 = 9	13 − 4 = 9	9 + 4 = 13	4 + 3 = 7	13 − 6 = 7
12 − 6 = 6	13 − 8 = 5	5 + 8 = 13	3 − 2 = 1	8 + 8 = 16	12 − 8 = 4	4 + 5 = 9	4 − 2 = 2	6 + 7 = 13
14 − 6 = 8	9 − 0 = 9	16 − 7 = 9	4 − 3 = 1	5 + 9 = 14	2 + 5 = 7	5 + 7 = 12	7 − 4 = 3	5 + 3 = 8
4 + 7 = 11	2 + 3 = 5	6 + 1 = 7	6 − 4 = 2	2 + 7 = 9	3 + 8 = 11	9 − 1 = 8	5 − 2 = 3	7 + 5 = 12
11 − 7 = 4	9 − 5 = 4	11 − 8 = 3	5 + 5 = 10	7 − 5 = 2	7 − 2 = 5	7 − 6 = 1	8 + 9 = 17	8 + 5 = 13

56

7 − 3 = 4	17 − 9 = 8	5 + 4 = 9	7 + 7 = 14	8 − 7 = 1	8 − 5 = 3	9 + 4 = 13	3 + 5 = 8	1 + 1 = 2
12 − 7 = 5	9 + 8 = 17	4 + 7 = 11	3 − 2 = 1	9 + 6 = 15	7 + 6 = 13	5 − 3 = 2	6 + 2 = 8	5 + 6 = 11
2 + 5 = 7	18 − 9 = 9	7 − 5 = 2	1 + 7 = 8	7 + 3 = 10	15 − 8 = 7	2 + 2 = 4	3 + 8 = 11	12 − 5 = 7
7 + 2 = 9	4 − 3 = 1	3 + 2 = 5	7 − 2 = 5	3 + 3 = 6	7 + 4 = 11	4 + 5 = 9	8 − 2 = 6	8 + 4 = 12
5 + 2 = 7	15 − 6 = 9	11 − 5 = 6	14 − 7 = 7	5 + 8 = 13	6 + 9 = 15	11 − 9 = 2	6 + 4 = 10	15 − 7 = 8
6 − 3 = 3	8 + 7 = 15	16 − 8 = 8	6 − 5 = 1	1 + 8 = 9	6 + 6 = 12	4 + 8 = 12	2 + 7 = 9	6 − 4 = 2
1 + 4 = 5	9 + 3 = 12	16 − 9 = 7	14 − 6 = 8	17 − 8 = 9	8 + 8 = 16	5 − 4 = 1	9 − 0 = 9	5 + 3 = 8
9 − 7 = 2	1 + 6 = 7	7 + 8 = 15	12 − 9 = 3	14 − 9 = 5	13 − 6 = 7	12 − 8 = 4	2 + 9 = 11	12 − 3 = 9
9 − 1 = 8	2 + 1 = 3	11 − 7 = 4	14 − 8 = 6	7 − 6 = 1	1 + 5 = 6	13 − 5 = 8	13 − 7 = 6	2 + 6 = 8

57

12 − 5 = 7	8 − 3 = 5	4 + 8 = 12	17 − 8 = 9	6 + 1 = 7	13 − 9 = 4	6 − 3 = 3	8 − 4 = 4	3 + 5 = 8
16 − 7 = 9	7 + 5 = 12	7 − 5 = 2	8 − 6 = 2	9 − 4 = 5	3 + 8 = 11	6 + 3 = 9	6 + 8 = 14	17 − 9 = 8
7 + 4 = 11	10 − 4 = 6	5 + 7 = 12	8 + 4 = 12	5 + 5 = 10	13 − 8 = 5	7 + 3 = 10	3 − 2 = 1	7 + 2 = 9
4 − 3 = 1	5 + 3 = 8	4 + 3 = 7	5 + 4 = 9	9 + 8 = 17	5 + 6 = 11	6 + 4 = 10	5 + 2 = 7	7 − 4 = 3
12 − 3 = 9	11 − 3 = 8	11 − 6 = 5	7 + 6 = 13	3 + 6 = 9	2 + 6 = 8	1 + 7 = 8	11 − 4 = 7	10 − 8 = 2
4 + 4 = 8	5 − 2 = 3	4 + 6 = 10	14 − 6 = 8	6 − 4 = 2	1 + 4 = 5	4 + 2 = 6	2 + 5 = 7	18 − 9 = 9
2 + 1 = 3	4 + 7 = 11	15 − 9 = 6	14 − 9 = 5	10 − 1 = 9	3 + 1 = 4	15 − 7 = 8	3 + 2 = 5	2 + 7 = 9
7 + 1 = 8	2 + 3 = 5	7 − 6 = 1	3 + 4 = 7	15 − 8 = 7	9 + 4 = 13	14 − 7 = 7	7 − 3 = 4	12 − 6 = 6
5 − 4 = 1	14 − 8 = 6	11 − 9 = 2	4 + 9 = 13	13 − 7 = 6	4 + 5 = 9	2 + 8 = 10	4 − 2 = 2	13 − 6 = 7

58

14 − 8 = 6	3 + 2 = 5	17 − 8 = 9	5 + 4 = 9	4 − 3 = 1	5 − 3 = 2	5 + 3 = 8	11 − 6 = 5	16 − 9 = 7
6 − 4 = 2	4 + 3 = 7	8 − 2 = 6	9 + 5 = 14	3 + 4 = 7	1 + 7 = 8	4 + 2 = 6	3 + 6 = 9	6 + 8 = 14
7 + 4 = 11	7 + 1 = 8	7 + 5 = 12	9 + 9 = 18	16 − 8 = 8	6 + 1 = 7	10 − 2 = 8	12 − 5 = 7	2 + 2 = 4
7 + 7 = 14	15 − 7 = 8	6 + 7 = 13	4 + 5 = 9	2 + 8 = 10	11 − 8 = 3	13 − 6 = 7	4 + 4 = 8	5 − 4 = 1
6 − 5 = 1	3 + 1 = 4	5 + 5 = 10	8 − 5 = 3	15 − 9 = 6	18 − 9 = 9	8 + 3 = 11	12 − 7 = 5	8 − 4 = 4
10 − 6 = 4	6 + 4 = 10	10 − 3 = 7	9 + 7 = 16	9 + 8 = 17	8 − 6 = 2	17 − 9 = 8	13 − 4 = 9	8 + 8 = 16
13 − 8 = 5	10 − 4 = 6	6 + 2 = 8	6 + 6 = 12	5 + 7 = 12	9 − 7 = 2	2 + 4 = 6	12 − 8 = 4	9 − 2 = 7
12 − 3 = 9	9 + 4 = 13	16 − 7 = 9	7 + 6 = 13	2 + 7 = 9	3 + 5 = 8	8 + 9 = 17	11 − 3 = 8	10 − 8 = 2
5 + 6 = 11	15 − 6 = 9	5 + 2 = 7	7 + 3 = 10	9 − 6 = 3	1 + 6 = 7	12 − 6 = 6	7 − 6 = 1	14 − 7 = 7

59

5+5=10	8+3=11	4+2=6	17-8=9	10-9=1	12-7=5	4-3=1	6+8=14	7-3=4
5+8=13	2+4=6	5+2=7	4+9=13	12-4=8	15-8=7	8+5=13	14-6=8	12-8=4
4-2=2	16-9=7	8-6=2	4+5=9	6+7=13	7+5=12	9-8=1	10-1=9	7-5=2
17-9=8	6+6=12	10-5=5	6-2=4	13-5=8	4+1=5	12-5=7	5-3=2	5-4=1
3+7=10	5+6=11	5+7=12	8-2=6	12-3=9	8+6=14	4+4=8	7-6=1	11-6=5
8+4=12	6-3=3	4+3=7	2+2=4	4+8=12	13-6=7	6-5=1	8+8=16	7+6=13
5+9=14	6-4=2	8+2=10	6+4=10	14-5=9	7+7=14	6+5=11	7+1=8	1+4=5
13-7=6	16-8=8	2+7=9	10-4=6	2+5=7	7-2=5	8+7=15	1+5=6	11-7=4
8+9=17	3+6=9	15-7=8	8-3=5	8-7=1	3+9=12	2+3=5	15-6=9	9+5=14

60

6+3=9	2+2=4	16-7=9	8+9=17	6+2=8	3-2=1	8-3=5	14-9=5	5-3=2
2+4=6	9+6=15	3+1=4	6+6=12	10-3=7	2+7=9	6-4=2	5-4=1	4+7=11
10-4=6	8-6=2	1+3=4	6-3=3	11-5=6	13-7=6	4-3=1	2+3=5	15-8=7
12-6=6	8+8=16	12-5=7	7-5=2	15-7=8	1+6=7	7+1=8	18-9=9	3+6=9
8+5=13	6+1=7	15-6=9	2+5=7	12-8=4	9+4=13	14-5=9	5+5=10	8+1=9
5+7=12	5+8=13	2+8=10	1+4=5	10-5=5	5+9=14	17-9=8	9-2=7	9+2=11
6+8=14	8+6=14	10-8=2	16-8=8	4+2=6	7+4=11	17-8=9	9-8=1	9-7=2
1+1=2	6+4=10	14-8=6	8-7=1	14-7=7	2+9=11	5+2=7	4+5=9	13-6=7
6-5=1	10-2=8	8-4=4	11-4=7	7+3=10	7-3=4	1+8=9	4+4=8	7+9=16

61

17-8=9	2+7=9	9+1=10	18-9=9	9+6=15	9+2=11	2+6=8	14-6=8	5+8=13
8-2=6	7+9=16	15-6=9	14-5=9	16-8=8	3+7=10	8+8=16	5+2=7	5+6=11
9+5=14	3+4=7	7+1=8	7-4=3	6+3=9	4-3=1	3-2=1	8+5=13	10-7=3
4+8=12	4+3=7	5-2=3	8-7=1	3+9=12	8+1=9	7-3=4	7+5=12	8+6=14
5-4=1	3+6=9	6+2=8	6-5=1	11-8=3	8-3=5	8-5=3	3+3=6	10-8=2
9-5=4	2+4=6	7-5=2	6-3=3	17-9=8	4+6=10	4+2=6	14-9=5	15-9=6
12-4=8	2+8=10	5-3=2	11-5=6	2+3=5	9-6=3	15-8=7	8+9=17	7+3=10
5+9=14	2+9=11	6-4=2	13-8=5	1+6=7	7+7=14	9-2=7	2+2=4	13-6=7
6+5=11	12-7=5	5+7=12	5+3=8	14-8=6	13-7=6	9-1=8	10-1=9	6+7=13

62

12-9=3	6+6=12	13-6=7	8-3=5	4+5=9	3+5=8	8-2=6	3-2=1	13-9=4
1+2=3	7+5=12	5+6=11	5+4=9	3+2=5	4-3=1	7-4=3	2+6=8	9+8=17
8-6=2	7+6=13	15-9=6	4-2=2	6+4=10	17-9=8	9+3=12	6-5=1	9-8=1
8-4=4	5+8=13	4+8=12	2+5=7	9+7=16	18-9=9	10-6=4	2+2=4	12-4=8
14-6=8	9-0=9	4+3=7	12-8=4	12-5=7	16-7=9	6+2=8	4+4=8	7-5=2
6+7=13	7+3=10	8-5=3	1+5=6	2+8=10	14-9=5	15-7=8	6+5=11	3+6=9
7+4=11	5+5=10	5-3=2	6+3=9	13-4=9	16-9=7	2+7=9	9-3=6	9+5=14
12-6=6	11-4=7	4+6=10	7-2=5	7-3=4	2+9=11	9-2=7	4+1=5	10-1=9
16-8=8	3+7=10	9-1=8	3+1=4	1+8=9	2+1=3	3+3=6	8+7=15	5-4=1

63

8+2=10	14-7=7	9+7=16	8+8=16	12-6=6	6-3=3	8-3=5	1+5=6	1+4=5
15-7=8	18-9=9	4+5=9	7+2=9	8-6=2	7-4=3	7-6=1	4+2=6	9-3=6
2+8=10	10-5=5	4-3=1	4+3=7	9-6=3	17-9=8	1+7=8	5+8=13	2+4=6
1+6=7	5+3=8	9+4=13	4+1=5	5-3=2	16-9=7	7-3=4	16-7=9	9+8=17
3+7=10	6+1=7	6+9=15	3+2=5	4+9=13	11-5=6	6+5=11	6+2=8	10-4=6
15-8=7	8+7=15	7+7=14	8-5=3	5+4=9	6-5=1	8+1=9	11-8=3	17-8=9
11-4=7	9-1=8	6+4=10	8+5=13	14-8=6	15-6=9	9+3=12	2+5=7	3+8=11
1+3=4	16-8=8	11-3=8	3-2=1	13-9=4	6-4=2	10-3=7	3+6=9	6+3=9
9-2=7	3+3=6	4+6=10	2+2=4	7+1=8	8-2=6	12-9=3	13-4=9	12-7=5

64

12-6=6	3-2=1	7+9=16	1+6=7	4+4=8	14-7=7	7-3=4	12-9=3	7-6=1
6+3=9	3+3=6	6+4=10	5+3=8	2+7=9	4+5=9	8+3=11	10-4=6	2+6=8
3+5=8	8-7=1	14-9=5	6+9=15	9+6=15	5+4=9	3+2=5	1+8=9	3+7=10
13-5=8	7+7=14	9+3=12	7+5=12	9-1=8	6-3=3	10-2=8	4+7=11	15-6=9
11-8=3	15-8=7	8+5=13	18-9=9	5+2=7	6+5=11	17-9=8	5-4=1	1+4=5
4+9=13	7-2=5	7+8=15	9-5=4	14-6=8	9+4=13	13-4=9	9+5=14	5+6=11
5-3=2	8+7=15	10-6=4	16-8=8	2+8=10	15-7=8	14-5=9	16-9=7	13-6=7
14-8=6	7+4=11	4-3=1	17-8=9	6-5=1	6+8=14	4+6=10	4+2=6	10-3=7
8-5=3	1+3=4	12-3=9	7+6=13	11-5=6	5+8=13	15-9=6	9-3=6	6+6=12

65

15-7=8	3+6=9	10-1=9	2+4=6	6-2=4	16-7=9	2+1=3	5+5=10	12-7=5
9+6=15	6+3=9	2+8=10	5+6=11	4+6=10	4-3=1	4+9=13	5+2=7	12-4=8
8-5=3	1+1=2	3-2=1	17-8=9	1+9=10	2+6=8	3+7=10	7-5=2	1+7=8
4-2=2	6-4=2	5+8=13	7+7=14	6+5=11	14-7=7	5+7=12	7+6=13	2+2=4
17-9=8	6-3=3	15-8=7	11-8=3	13-4=9	14-9=5	16-8=8	3+8=11	9+5=14
9+2=11	1+3=4	2+9=11	8-2=6	4+2=6	13-7=6	15-6=9	4+4=8	4+8=12
18-9=9	7-4=3	10-3=7	9-8=1	3+4=7	8+7=15	10-7=3	8+8=16	8-4=4
6-5=1	6+7=13	12-5=7	13-5=8	7+9=16	5-2=3	10-5=5	14-8=6	7+3=10
10-2=8	14-5=9	4+1=5	14-6=8	6+1=7	4+7=11	9+3=12	11-4=7	1+2=3

66

16-9=7	7+8=15	7+3=10	9+7=16	2+4=6	14-7=7	2+3=5	5+2=7	3+4=7
7-6=1	8+3=11	9-2=7	4+5=9	1+3=4	12-3=9	8-7=1	10-8=2	8-6=2
11-8=3	1+7=8	5+8=13	3+9=12	8+4=12	4-3=1	3-2=1	5+6=11	7+6=13
5+5=10	7+5=12	15-8=7	6-3=3	14-8=6	7-2=5	4-2=2	12-9=3	6+9=15
3+7=10	10-7=3	18-9=9	2+7=9	6-4=2	1+5=6	15-7=8	12-6=6	11-3=8
17-8=9	2+5=7	4+9=13	7+4=11	2+9=11	13-7=6	13-5=8	4+8=12	17-9=8
11-4=7	14-5=9	12-5=7	8-5=3	1+9=10	9-4=5	8+8=16	9+5=14	5+9=14
11-5=6	6+3=9	16-8=8	10-2=8	6+5=11	6-5=1	3+3=6	6+2=8	8+6=14
9+2=11	8+2=10	16-7=9	9-3=6	4+7=11	9+3=12	1+8=9	5-4=1	14-6=8

67

5 + 4 = 9	6 + 7 = 13	15 − 9 = 6	9 + 4 = 13	4 + 8 = 12	7 − 6 = 1	8 + 2 = 10	5 − 4 = 1	6 + 2 = 8
7 + 8 = 15	12 − 3 = 9	7 − 4 = 3	13 − 6 = 7	16 − 9 = 7	3 − 2 = 1	12 − 4 = 8	9 − 2 = 7	10 − 5 = 5
3 + 5 = 8	12 − 8 = 4	15 − 8 = 7	17 − 8 = 9	8 − 7 = 1	4 + 2 = 6	18 − 9 = 9	13 − 8 = 5	3 + 6 = 9
7 + 7 = 14	17 − 9 = 8	1 + 3 = 4	8 + 4 = 12	5 + 7 = 12	6 + 3 = 9	12 − 6 = 6	6 + 5 = 11	3 + 1 = 4
6 + 8 = 14	8 − 6 = 2	6 − 3 = 3	9 + 7 = 16	1 + 2 = 3	5 + 2 = 7	8 + 7 = 15	9 − 5 = 4	11 − 3 = 8
11 − 4 = 7	5 + 3 = 8	8 + 5 = 13	12 − 5 = 7	2 + 7 = 9	13 − 7 = 6	2 + 3 = 5	3 + 2 = 5	5 + 6 = 11
15 − 6 = 9	3 + 4 = 7	11 − 8 = 3	8 + 1 = 9	9 − 7 = 2	3 + 3 = 6	2 + 8 = 10	8 − 3 = 5	5 − 3 = 2
6 + 4 = 10	2 + 2 = 4	8 − 4 = 4	8 + 8 = 16	5 − 2 = 3	7 + 1 = 8	16 − 8 = 8	6 − 5 = 1	11 − 2 = 9
7 + 5 = 12	1 + 6 = 7	2 + 9 = 11	14 − 8 = 6	2 + 4 = 6	9 + 1 = 10	10 − 3 = 7	4 − 3 = 1	11 − 9 = 2

68

9 − 7 = 2	13 − 5 = 8	14 − 7 = 7	5 + 9 = 14	4 + 1 = 5	8 + 6 = 14	6 + 2 = 8	6 + 8 = 14	5 + 1 = 6
3 + 3 = 6	4 − 2 = 2	6 − 3 = 3	4 + 7 = 11	3 + 9 = 12	9 + 3 = 12	10 − 7 = 3	17 − 9 = 8	11 − 5 = 6
6 + 7 = 13	10 − 6 = 4	10 − 2 = 8	4 + 4 = 8	8 + 5 = 13	7 − 4 = 3	8 − 3 = 5	16 − 7 = 9	8 + 3 = 11
13 − 9 = 4	16 − 9 = 7	2 + 5 = 7	7 + 5 = 12	18 − 9 = 9	7 + 6 = 13	8 + 7 = 15	16 − 8 = 8	5 + 7 = 12
7 + 2 = 9	12 − 8 = 4	5 − 3 = 2	6 + 5 = 11	15 − 7 = 8	6 − 5 = 1	6 − 4 = 2	2 + 8 = 10	9 + 4 = 13
4 + 6 = 10	8 − 5 = 3	17 − 8 = 9	8 − 4 = 4	9 − 2 = 7	5 − 2 = 3	7 − 3 = 4	9 + 7 = 16	6 + 9 = 15
7 − 2 = 5	2 + 4 = 6	8 + 4 = 12	3 + 1 = 4	9 − 6 = 3	4 − 3 = 1	4 + 5 = 9	6 + 1 = 7	3 + 8 = 11
6 + 4 = 10	15 − 8 = 7	4 + 8 = 12	1 + 2 = 3	15 − 6 = 9	7 + 9 = 16	12 − 6 = 6	13 − 7 = 6	11 − 9 = 2
11 − 3 = 8	5 + 8 = 13	4 + 2 = 6	6 + 3 = 9	1 + 3 = 4	3 − 2 = 1	9 + 8 = 17	6 − 2 = 4	8 − 7 = 1

69

17 − 8 = 9	9 − 2 = 7	7 − 3 = 4	3 − 2 = 1	13 − 8 = 5	5 + 6 = 11	6 − 3 = 3	4 − 2 = 2	11 − 2 = 9
9 + 4 = 13	7 + 3 = 10	15 − 7 = 8	5 + 3 = 8	6 + 7 = 13	10 − 6 = 4	16 − 7 = 9	5 + 8 = 13	4 + 3 = 7
8 + 5 = 13	5 + 1 = 6	7 + 4 = 11	8 − 4 = 4	15 − 8 = 7	11 − 9 = 2	8 + 7 = 15	5 − 3 = 2	3 + 2 = 5
4 − 3 = 1	6 + 6 = 12	1 + 7 = 8	14 − 8 = 6	13 − 7 = 6	17 − 9 = 8	7 + 5 = 12	15 − 9 = 6	4 + 9 = 13
14 − 6 = 8	3 + 1 = 4	1 + 2 = 3	9 − 1 = 8	9 + 2 = 11	10 − 5 = 5	7 + 8 = 15	16 − 8 = 8	9 + 5 = 14
13 − 9 = 4	8 − 7 = 1	4 + 8 = 12	5 + 7 = 12	7 + 9 = 16	6 + 8 = 14	3 + 8 = 11	8 + 2 = 10	5 + 4 = 9
1 + 8 = 9	2 + 6 = 8	6 + 1 = 7	1 + 3 = 4	18 − 9 = 9	12 − 4 = 8	8 − 6 = 2	2 + 2 = 4	5 − 2 = 3
5 + 5 = 10	11 − 8 = 3	10 − 7 = 3	7 − 6 = 1	14 − 9 = 5	6 + 3 = 9	5 − 4 = 1	11 − 7 = 4	7 − 5 = 2
9 + 8 = 17	1 + 5 = 6	6 + 2 = 8	12 − 5 = 7	7 + 7 = 14	10 − 4 = 6	2 + 4 = 6	3 + 3 = 6	7 − 4 = 3

70

14 − 8 = 6	3 + 8 = 11	3 − 2 = 1	8 + 8 = 16	8 + 4 = 12	11 − 3 = 8	4 − 2 = 2	4 + 9 = 13	3 + 6 = 9
6 + 7 = 13	2 + 9 = 11	11 − 8 = 3	7 + 4 = 11	4 + 3 = 7	12 − 5 = 7	7 + 6 = 13	7 − 6 = 1	7 + 9 = 16
2 + 4 = 6	7 + 3 = 10	9 + 1 = 10	12 − 6 = 6	6 − 3 = 3	14 − 7 = 7	12 − 4 = 8	3 + 3 = 6	1 + 7 = 8
7 + 8 = 15	3 + 2 = 5	2 + 7 = 9	8 − 7 = 1	6 + 6 = 12	7 + 2 = 9	18 − 9 = 9	12 − 7 = 5	9 + 5 = 14
8 + 5 = 13	7 − 3 = 4	9 − 1 = 8	5 + 4 = 9	3 + 1 = 4	4 − 3 = 1	4 + 4 = 8	11 − 7 = 4	10 − 8 = 2
6 − 2 = 4	3 + 7 = 10	13 − 5 = 8	2 + 3 = 5	2 + 8 = 10	16 − 9 = 7	13 − 7 = 6	15 − 9 = 6	13 − 6 = 7
4 + 5 = 9	6 + 5 = 11	13 − 9 = 4	9 − 3 = 6	8 + 7 = 15	4 + 2 = 6	2 + 6 = 8	3 + 4 = 7	4 + 8 = 12
5 − 3 = 2	15 − 7 = 8	16 − 8 = 8	17 − 9 = 8	10 − 3 = 7	8 − 3 = 5	1 + 8 = 9	8 − 5 = 3	10 − 5 = 5
13 − 8 = 5	5 + 5 = 10	6 − 4 = 2	10 − 9 = 1	7 + 1 = 8	1 + 4 = 5	17 − 8 = 9	5 − 4 = 1	8 + 6 = 14

71

14−5=9	5+7=12	8+3=11	4+9=13	11−3=8	4+4=8	9+4=13	13−6=7	7−5=2
17−9=8	3+9=12	7−4=3	4+1=5	5−2=3	13−5=8	5+9=14	6+7=13	2+5=7
3+5=8	11−7=4	4−3=1	7+2=9	6+2=8	7+1=8	5+6=11	4−2=2	4+5=9
18−9=9	8−3=5	13−8=5	2+8=10	12−8=4	11−6=5	8+5=13	9+5=14	11−5=6
13−7=6	6−4=2	12−7=5	2+2=4	8+4=12	12−6=6	8+8=16	16−7=9	2+6=8
17−8=9	3+2=5	5−4=1	7+7=14	1+2=3	9+7=16	5+3=8	3+3=6	8−7=1
14−6=8	13−4=9	7+4=11	9+8=17	5−3=2	2+1=3	9−4=5	6+1=7	10−5=5
6+9=15	12−4=8	5+8=13	14−9=5	8+6=14	14−8=6	15−8=7	4+7=11	15−9=6
11−8=3	8−4=4	16−8=8	5+5=10	6−3=3	7+6=13	3−2=1	9+6=15	7+5=12

72

9+5=14	4−2=2	2+5=7	16−8=8	10−7=3	5+1=6	2+3=5	3−2=1	1+9=10
3+8=11	11−7=4	6−5=1	4+2=6	9−3=6	15−6=9	10−6=4	11−6=5	3+5=8
11−3=8	9+3=12	4−3=1	5+5=10	14−8=6	11−8=3	8−4=4	2+7=9	8+3=11
17−9=8	7+4=11	6+2=8	3+4=7	15−7=8	6+4=10	7+2=9	7+7=14	6+8=14
6+6=12	12−6=6	2+6=8	8+7=15	4+4=8	9−8=1	3+9=12	9−5=4	9−7=2
3+3=6	7+3=10	13−7=6	4+9=13	8−5=3	9+7=16	17−8=9	5−4=1	10−5=5
8+6=14	7+6=13	15−9=6	3+2=5	9−6=3	1+8=9	14−6=8	5−3=2	10−4=6
5+8=13	14−9=5	14−5=9	13−8=5	1+4=5	5+6=11	6−3=3	12−9=3	12−4=8
5+3=8	12−8=4	1+3=4	7+5=12	7+8=15	6−4=2	15−8=7	6+1=7	1+6=7

73

4+6=10	5+9=14	11−7=4	11−6=5	3+2=5	12−4=8	5−4=1	13−7=6	13−6=7
4+4=8	7+8=15	13−5=8	3−2=1	8−3=5	2+5=7	12−6=6	2+7=9	9−8=1
3+1=4	1+6=7	10−3=7	8−7=1	11−4=7	8−4=4	3+5=8	6−5=1	4+3=7
5+4=9	16−9=7	6−2=4	4+1=5	4+8=12	1+2=3	4−3=1	8+4=12	8+3=11
8+9=17	7+9=16	4+7=11	10−6=4	7+2=9	9−2=7	3+7=10	7+7=14	7−3=4
2+1=3	6+3=9	7+5=12	6+8=14	14−6=8	8+1=9	8+8=16	7−6=1	7+3=10
15−7=8	2+6=8	18−9=9	5+1=6	6+5=11	12−7=5	3+8=11	7−4=3	4+5=9
2+8=10	14−7=7	17−8=9	5−3=2	16−8=8	6−3=3	5+8=13	5−2=3	12−8=4
4−2=2	10−7=3	6+7=13	1+8=9	17−9=8	9+3=12	11−5=6	9−0=9	8+5=13

74

4+7=11	14−5=9	4+5=9	7+3=10	6+8=14	13−6=7	8+4=12	6−3=3	5+6=11
2+2=4	9+5=14	13−5=8	4+6=10	3+4=7	18−9=9	9+3=12	2+1=3	3+2=5
8+1=9	9+4=13	1+8=9	3+5=8	6+4=10	17−9=8	14−7=7	4−3=1	8−2=6
10−1=9	9+8=17	6−2=4	8+9=17	3+6=9	4+2=6	10−8=2	14−9=5	10−6=4
2+4=6	11−8=3	16−7=9	8+2=10	13−7=6	6+7=13	5+4=9	2+6=8	7−6=1
9−3=6	7+6=13	3+3=6	11−6=5	4+9=13	4−2=2	13−4=9	12−7=5	3−2=1
2+7=9	6+3=9	15−8=7	8+3=11	11−2=9	6−5=1	6+9=15	12−9=3	6+5=11
15−9=6	15−6=9	12−4=8	15−7=8	16−8=8	10−7=3	8−7=1	7−2=5	3+7=10
17−8=9	10−2=8	5+3=8	6+6=12	8+8=16	7+7=14	16−9=7	11−5=6	2+3=5

75

17 − 8 = 9 | 2 + 8 = 10 | 16 − 8 = 8 | 3 + 7 = 10 | 13 − 9 = 4 | 11 − 7 = 4 | 18 − 9 = 9 | 3 − 2 = 1 | 2 + 6 = 8

10 − 9 = 1 | 2 + 7 = 9 | 2 + 3 = 5 | 6 + 2 = 8 | 4 + 1 = 5 | 7 + 9 = 16 | 3 + 9 = 12 | 4 + 9 = 13 | 4 + 4 = 8

3 + 8 = 11 | 7 + 6 = 13 | 14 − 5 = 9 | 7 + 3 = 10 | 7 − 5 = 2 | 8 + 5 = 13 | 4 + 3 = 7 | 3 + 3 = 6 | 13 − 8 = 5

6 − 2 = 4 | 12 − 8 = 4 | 6 − 4 = 2 | 5 + 8 = 13 | 4 − 3 = 1 | 13 − 4 = 9 | 11 − 8 = 3 | 6 + 5 = 11 | 7 − 4 = 3

6 − 3 = 3 | 7 + 8 = 15 | 8 − 7 = 1 | 8 + 6 = 14 | 15 − 7 = 8 | 5 + 6 = 11 | 15 − 6 = 9 | 5 + 4 = 9 | 16 − 7 = 9

13 − 5 = 8 | 9 + 7 = 16 | 6 + 4 = 10 | 15 − 8 = 7 | 13 − 6 = 7 | 9 − 8 = 1 | 8 − 4 = 4 | 1 + 5 = 6 | 12 − 3 = 9

4 − 2 = 2 | 9 − 2 = 7 | 7 − 6 = 1 | 3 + 2 = 5 | 1 + 8 = 9 | 4 + 2 = 6 | 9 − 6 = 3 | 8 − 2 = 6 | 8 − 5 = 3

6 + 8 = 14 | 4 + 5 = 9 | 7 − 2 = 5 | 6 + 7 = 13 | 7 + 2 = 9 | 2 + 2 = 4 | 12 − 7 = 5 | 9 + 9 = 18 | 11 − 3 = 8

14 − 6 = 8 | 12 − 5 = 7 | 9 + 4 = 13 | 8 + 7 = 15 | 5 + 3 = 8 | 3 + 6 = 9 | 6 + 6 = 12 | 9 + 5 = 14 | 16 − 9 = 7

76

4 + 5 = 9 | 9 − 5 = 4 | 6 + 3 = 9 | 7 − 4 = 3 | 7 + 6 = 13 | 7 − 5 = 2 | 7 − 2 = 5 | 7 + 7 = 14 | 1 + 5 = 6

9 + 6 = 15 | 7 + 9 = 16 | 2 + 2 = 4 | 11 − 8 = 3 | 2 + 1 = 3 | 7 + 4 = 11 | 2 + 7 = 9 | 3 + 7 = 10 | 10 − 7 = 3

1 + 3 = 4 | 2 + 6 = 8 | 5 − 3 = 2 | 7 − 6 = 1 | 1 + 6 = 7 | 3 + 5 = 8 | 3 + 3 = 6 | 12 − 8 = 4 | 17 − 9 = 8

14 − 7 = 7 | 12 − 9 = 3 | 8 − 3 = 5 | 3 + 4 = 7 | 8 − 7 = 1 | 14 − 6 = 8 | 6 − 5 = 1 | 4 + 6 = 10 | 11 − 2 = 9

14 − 8 = 6 | 9 − 2 = 7 | 6 + 4 = 10 | 2 + 5 = 7 | 5 + 4 = 9 | 9 − 7 = 2 | 9 + 5 = 14 | 8 + 8 = 16 | 3 + 8 = 11

3 − 2 = 1 | 5 + 2 = 7 | 16 − 9 = 7 | 6 − 4 = 2 | 5 + 6 = 11 | 9 + 7 = 16 | 17 − 8 = 9 | 2 + 8 = 10 | 8 − 6 = 2

4 − 3 = 1 | 13 − 8 = 5 | 6 + 5 = 11 | 13 − 5 = 8 | 7 + 1 = 8 | 9 − 6 = 3 | 13 − 7 = 6 | 2 + 4 = 6 | 6 − 3 = 3

16 − 7 = 9 | 12 − 4 = 8 | 15 − 7 = 8 | 16 − 8 = 8 | 8 + 3 = 11 | 12 − 7 = 5 | 8 − 5 = 3 | 4 + 3 = 7 | 8 + 9 = 17

4 + 4 = 8 | 8 − 4 = 4 | 10 − 8 = 2 | 8 + 1 = 9 | 7 + 2 = 9 | 6 + 6 = 12 | 6 + 7 = 13 | 11 − 5 = 6 | 6 + 9 = 15

77

5 + 9 = 14 | 15 − 8 = 7 | 4 + 8 = 12 | 4 + 4 = 8 | 4 + 5 = 9 | 6 + 5 = 11 | 12 − 7 = 5 | 5 − 4 = 1 | 5 − 3 = 2

14 − 6 = 8 | 9 + 5 = 14 | 4 + 9 = 13 | 8 − 4 = 4 | 4 − 2 = 2 | 5 + 1 = 6 | 3 + 5 = 8 | 4 + 6 = 10 | 2 + 6 = 8

7 + 3 = 10 | 10 − 7 = 3 | 11 − 5 = 6 | 1 + 3 = 4 | 6 + 8 = 14 | 3 + 6 = 9 | 2 + 3 = 5 | 8 − 7 = 1 | 15 − 9 = 6

13 − 7 = 6 | 6 + 7 = 13 | 8 + 7 = 15 | 5 + 6 = 11 | 15 − 7 = 8 | 14 − 7 = 7 | 6 + 2 = 8 | 4 + 3 = 7 | 7 − 4 = 3

17 − 8 = 9 | 2 + 5 = 7 | 7 + 8 = 15 | 6 − 4 = 2 | 5 + 7 = 12 | 5 + 3 = 8 | 4 + 7 = 11 | 9 − 6 = 3 | 3 + 7 = 10

7 + 6 = 13 | 6 − 5 = 1 | 12 − 9 = 3 | 8 + 6 = 14 | 13 − 5 = 8 | 14 − 9 = 5 | 9 − 7 = 2 | 2 + 7 = 9 | 7 − 3 = 4

10 − 3 = 7 | 6 − 3 = 3 | 8 + 3 = 11 | 10 − 6 = 4 | 8 − 6 = 2 | 13 − 8 = 5 | 14 − 8 = 6 | 6 − 2 = 4 | 3 + 9 = 12

16 − 8 = 8 | 16 − 7 = 9 | 7 + 7 = 14 | 2 + 2 = 4 | 2 + 4 = 6 | 8 + 5 = 13 | 14 − 5 = 9 | 12 − 4 = 8 | 1 + 8 = 9

4 − 3 = 1 | 10 − 8 = 2 | 8 + 2 = 10 | 8 − 3 = 5 | 17 − 9 = 8 | 10 − 5 = 5 | 5 + 4 = 9 | 1 + 7 = 8 | 1 + 1 = 2

78

13 − 5 = 8 | 10 − 5 = 5 | 11 − 3 = 8 | 11 − 9 = 2 | 8 + 8 = 16 | 3 + 5 = 8 | 9 − 6 = 3 | 7 − 6 = 1 | 3 + 8 = 11

16 − 8 = 8 | 6 + 1 = 7 | 7 + 6 = 13 | 5 − 4 = 1 | 12 − 5 = 7 | 3 + 1 = 4 | 6 + 5 = 11 | 4 − 2 = 2 | 4 + 2 = 6

5 + 5 = 10 | 17 − 9 = 8 | 3 + 2 = 5 | 3 − 2 = 1 | 4 + 8 = 12 | 5 + 8 = 13 | 7 + 3 = 10 | 7 + 9 = 16 | 5 + 2 = 7

9 − 4 = 5 | 6 + 4 = 10 | 7 − 2 = 5 | 8 + 7 = 15 | 7 + 4 = 11 | 8 + 2 = 10 | 8 − 3 = 5 | 4 + 9 = 13 | 12 − 6 = 6

12 − 8 = 4 | 2 + 8 = 10 | 10 − 6 = 4 | 7 − 4 = 3 | 4 − 3 = 1 | 11 − 7 = 4 | 7 + 7 = 14 | 2 + 3 = 5 | 15 − 8 = 7

5 + 4 = 9 | 6 + 2 = 8 | 12 − 3 = 9 | 6 − 2 = 4 | 2 + 2 = 4 | 9 − 0 = 9 | 2 + 1 = 3 | 4 + 4 = 8 | 7 + 1 = 8

9 − 2 = 7 | 6 − 3 = 3 | 14 − 8 = 6 | 7 − 5 = 2 | 13 − 8 = 5 | 1 + 6 = 7 | 16 − 9 = 7 | 13 − 7 = 6 | 8 − 7 = 1

6 + 6 = 12 | 9 − 7 = 2 | 8 + 4 = 12 | 5 + 3 = 8 | 7 + 5 = 12 | 2 + 9 = 11 | 2 + 5 = 7 | 8 − 4 = 4 | 5 + 1 = 6

3 + 7 = 10 | 1 + 8 = 9 | 14 − 9 = 5 | 8 − 5 = 3 | 2 + 7 = 9 | 7 − 3 = 4 | 6 − 4 = 2 | 4 + 5 = 9 | 5 − 3 = 2

79

2 + 4 = 6	2 + 9 = 11	3 + 6 = 9	14 − 6 = 8	1 + 7 = 8	2 + 6 = 8	10 − 3 = 7	3 + 7 = 10	9 + 9 = 18
9 − 2 = 7	16 − 7 = 9	15 − 6 = 9	11 − 3 = 8	5 + 4 = 9	5 − 2 = 3	9 − 4 = 5	5 + 7 = 12	8 − 7 = 1
8 + 3 = 11	2 + 7 = 9	6 + 1 = 7	7 + 5 = 12	3 + 2 = 5	6 − 3 = 3	8 + 7 = 15	10 − 1 = 9	16 − 9 = 7
6 − 5 = 1	1 + 9 = 10	11 − 8 = 3	13 − 6 = 7	2 + 3 = 5	6 + 7 = 13	4 + 3 = 7	11 − 5 = 6	1 + 3 = 4
3 + 3 = 6	8 + 2 = 10	4 − 3 = 1	7 + 1 = 8	8 + 8 = 16	18 − 9 = 9	8 + 5 = 13	8 − 5 = 3	16 − 8 = 8
4 + 9 = 13	8 − 4 = 4	5 − 4 = 1	6 + 9 = 15	7 − 4 = 3	7 + 7 = 14	17 − 8 = 9	5 + 3 = 8	10 − 2 = 8
3 − 2 = 1	9 + 2 = 11	9 + 8 = 17	12 − 6 = 6	12 − 9 = 3	11 − 9 = 2	2 + 5 = 7	7 − 6 = 1	3 + 1 = 4
1 + 5 = 6	4 + 6 = 10	8 + 4 = 12	9 − 0 = 9	4 − 2 = 2	7 + 8 = 15	3 + 9 = 12	14 − 9 = 5	6 + 5 = 11
14 − 8 = 6	10 − 6 = 4	11 − 6 = 5	6 − 4 = 2	6 − 2 = 4	6 + 4 = 10	11 − 2 = 9	13 − 5 = 8	3 + 4 = 7

80

15 − 7 = 8	5 + 8 = 13	9 + 7 = 16	10 − 8 = 2	16 − 9 = 7	6 + 1 = 7	3 + 8 = 11	7 − 3 = 4	6 + 3 = 9
10 − 2 = 8	4 + 6 = 10	3 − 2 = 1	7 + 3 = 10	1 + 8 = 9	5 + 2 = 7	8 − 5 = 3	5 + 9 = 14	5 + 5 = 10
10 − 5 = 5	9 + 3 = 12	6 − 5 = 1	7 − 5 = 2	8 + 8 = 16	2 + 4 = 6	9 − 7 = 2	17 − 9 = 8	18 − 9 = 9
1 + 4 = 5	6 − 3 = 3	16 − 8 = 8	3 + 4 = 7	4 − 2 = 2	17 − 8 = 9	7 + 5 = 12	3 + 6 = 9	6 + 4 = 10
4 − 3 = 1	8 + 9 = 17	6 + 2 = 8	16 − 7 = 9	1 + 5 = 6	4 + 4 = 8	10 − 3 = 7	6 − 4 = 2	4 + 3 = 7
3 + 2 = 5	8 − 2 = 6	8 + 7 = 15	8 + 6 = 14	7 − 4 = 3	12 − 4 = 8	2 + 5 = 7	15 − 8 = 7	1 + 9 = 10
13 − 5 = 8	10 − 4 = 6	4 + 2 = 6	7 + 1 = 8	12 − 5 = 7	6 + 7 = 13	5 − 4 = 1	11 − 3 = 8	15 − 9 = 6
8 + 4 = 12	5 − 3 = 2	7 − 2 = 5	4 + 7 = 11	14 − 7 = 7	14 − 8 = 6	2 + 2 = 4	8 − 6 = 2	9 − 1 = 8
6 + 6 = 12	9 − 8 = 1	7 + 6 = 13	8 − 3 = 5	5 + 4 = 9	7 + 4 = 11	2 + 8 = 10	11 − 2 = 9	3 + 5 = 8

81

8 + 8 = 16	5 + 4 = 9	3 + 2 = 5	9 − 1 = 8	3 − 2 = 1	4 + 2 = 6	7 − 3 = 4	15 − 7 = 8	6 + 2 = 8
14 − 7 = 7	9 + 5 = 14	8 − 6 = 2	7 + 9 = 16	12 − 6 = 6	4 + 1 = 5	10 − 2 = 8	7 − 4 = 3	12 − 9 = 3
6 + 5 = 11	1 + 8 = 9	7 + 2 = 9	11 − 2 = 9	17 − 8 = 9	5 − 4 = 1	8 + 3 = 11	5 + 3 = 8	14 − 9 = 5
2 + 1 = 3	1 + 7 = 8	16 − 8 = 8	1 + 6 = 7	3 + 1 = 4	2 + 6 = 8	12 − 8 = 4	8 + 2 = 10	6 − 4 = 2
8 + 5 = 13	7 + 6 = 13	8 − 3 = 5	2 + 3 = 5	6 + 3 = 9	7 + 3 = 10	5 − 3 = 2	4 − 2 = 2	3 + 4 = 7
6 + 6 = 12	6 − 2 = 4	9 + 9 = 18	4 + 5 = 9	8 + 7 = 15	9 + 8 = 17	3 + 7 = 10	12 − 7 = 5	4 + 9 = 13
10 − 3 = 7	5 + 8 = 13	17 − 9 = 8	5 − 2 = 3	7 − 6 = 1	3 + 8 = 11	4 − 3 = 1	14 − 5 = 9	9 − 7 = 2
13 − 4 = 9	8 − 2 = 6	12 − 5 = 7	8 − 7 = 1	8 + 9 = 17	14 − 6 = 8	9 + 2 = 11	6 + 8 = 14	6 + 7 = 13
13 − 8 = 5	13 − 5 = 8	9 − 2 = 7	13 − 6 = 7	5 + 7 = 12	9 + 6 = 15	4 + 4 = 8	11 − 3 = 8	15 − 6 = 9

82

8 − 4 = 4	2 + 5 = 7	8 + 1 = 9	6 − 3 = 3	12 − 5 = 7	5 + 5 = 10	7 + 7 = 14	6 + 3 = 9	2 + 3 = 5
9 + 8 = 17	3 − 2 = 1	3 + 3 = 6	14 − 6 = 8	4 + 4 = 8	7 − 5 = 2	7 + 3 = 10	5 + 7 = 12	8 + 2 = 10
4 + 8 = 12	10 − 7 = 3	5 + 6 = 11	7 − 2 = 5	13 − 6 = 7	6 − 4 = 2	14 − 8 = 6	11 − 8 = 3	4 + 9 = 13
8 − 3 = 5	18 − 9 = 9	9 + 4 = 13	6 + 1 = 7	17 − 9 = 8	7 + 1 = 8	6 + 2 = 8	9 + 5 = 14	7 + 4 = 11
14 − 9 = 5	6 + 6 = 12	13 − 5 = 8	4 − 2 = 2	17 − 8 = 9	2 + 2 = 4	4 − 3 = 1	9 − 3 = 6	2 + 4 = 6
12 − 8 = 4	5 − 3 = 2	2 + 7 = 9	16 − 9 = 7	7 + 6 = 13	3 + 2 = 5	8 + 3 = 11	7 + 9 = 16	9 − 5 = 4
8 + 8 = 16	7 − 6 = 1	8 − 7 = 1	6 + 7 = 13	13 − 8 = 5	2 + 8 = 10	12 − 6 = 6	15 − 6 = 9	5 + 3 = 8
1 + 6 = 7	13 − 4 = 9	14 − 7 = 7	5 − 2 = 3	11 − 7 = 4	8 + 7 = 15	10 − 5 = 5	9 + 9 = 18	9 − 1 = 8
11 − 5 = 6	3 + 9 = 12	12 − 7 = 5	9 + 7 = 16	4 + 7 = 11	11 − 6 = 5	2 + 6 = 8	6 − 2 = 4	3 + 7 = 10

83

5 − 4 = 1	17 − 9 = 8	14 − 7 = 7	8 + 4 = 12	7 − 3 = 4	18 − 9 = 9	11 − 2 = 9	5 + 3 = 8	7 + 9 = 16
12 − 7 = 5	7 + 7 = 14	8 + 2 = 10	6 − 3 = 3	5 + 8 = 13	6 − 5 = 1	4 − 3 = 1	14 − 5 = 9	8 − 2 = 6
6 − 4 = 2	6 + 3 = 9	5 + 5 = 10	8 − 3 = 5	2 + 7 = 9	15 − 7 = 8	2 + 3 = 5	10 − 8 = 2	5 + 6 = 11
4 + 4 = 8	3 + 5 = 8	16 − 7 = 9	10 − 7 = 3	13 − 4 = 9	7 + 4 = 11	13 − 9 = 4	16 − 9 = 7	1 + 3 = 4
7 + 1 = 8	6 + 4 = 10	5 − 3 = 2	4 + 1 = 5	5 + 4 = 9	4 + 5 = 9	3 + 8 = 11	4 + 8 = 12	3 − 2 = 1
14 − 6 = 8	12 − 9 = 3	3 + 7 = 10	11 − 3 = 8	6 + 6 = 12	10 − 4 = 6	8 + 8 = 16	5 + 7 = 12	5 + 2 = 7
8 + 5 = 13	12 − 6 = 6	17 − 8 = 9	7 + 2 = 9	16 − 8 = 8	4 − 2 = 2	9 + 2 = 11	2 + 6 = 8	2 + 8 = 10
3 + 3 = 6	6 + 2 = 8	8 − 5 = 3	5 + 9 = 14	12 − 4 = 8	13 − 6 = 7	8 + 3 = 11	7 − 4 = 3	6 + 8 = 14
2 + 2 = 4	8 + 7 = 15	9 − 2 = 7	3 + 9 = 12	9 − 3 = 6	7 + 3 = 10	10 − 1 = 9	9 − 7 = 2	15 − 8 = 7

84

15 − 7 = 8	5 + 3 = 8	6 + 8 = 14	16 − 9 = 7	7 + 8 = 15	8 + 4 = 12	14 − 6 = 8	8 + 3 = 11	9 + 2 = 11
4 + 9 = 13	10 − 2 = 8	4 + 7 = 11	17 − 8 = 9	5 + 5 = 10	9 − 3 = 6	12 − 8 = 4	8 − 2 = 6	6 − 4 = 2
9 + 6 = 15	1 + 4 = 5	7 − 6 = 1	12 − 5 = 7	2 + 7 = 9	4 − 2 = 2	5 − 4 = 1	4 + 4 = 8	13 − 8 = 5
7 + 2 = 9	10 − 8 = 2	8 − 6 = 2	4 − 3 = 1	8 − 4 = 4	18 − 9 = 9	8 + 2 = 10	11 − 5 = 6	5 + 1 = 6
10 − 7 = 3	8 + 1 = 9	4 + 2 = 6	7 + 4 = 11	11 − 8 = 3	5 + 9 = 14	6 + 2 = 8	2 + 4 = 6	3 + 6 = 9
3 + 1 = 4	2 + 8 = 10	5 + 7 = 12	10 − 6 = 4	7 − 4 = 3	4 + 5 = 9	6 − 3 = 3	3 + 8 = 11	6 − 2 = 4
8 + 6 = 14	3 + 4 = 7	5 − 3 = 2	12 − 7 = 5	8 − 3 = 5	1 + 5 = 6	15 − 6 = 9	3 − 2 = 1	6 − 5 = 1
2 + 6 = 8	7 − 3 = 4	16 − 7 = 9	7 + 5 = 12	16 − 8 = 8	9 − 7 = 2	6 + 9 = 15	9 + 9 = 18	15 − 8 = 7
7 − 5 = 2	8 + 7 = 15	13 − 5 = 8	11 − 7 = 4	6 + 1 = 7	7 + 6 = 13	6 + 6 = 12	4 + 1 = 5	5 + 8 = 13

85

6 − 4 = 2	17 − 8 = 9	1 + 2 = 3	8 + 3 = 11	5 + 9 = 14	8 + 6 = 14	7 + 3 = 10	3 − 2 = 1	5 + 4 = 9
2 + 6 = 8	8 + 5 = 13	7 − 5 = 2	14 − 9 = 5	6 + 6 = 12	9 − 3 = 6	1 + 7 = 8	9 − 8 = 1	8 + 4 = 12
6 + 7 = 13	8 + 8 = 16	14 − 5 = 9	14 − 6 = 8	6 − 3 = 3	2 + 3 = 5	7 − 6 = 1	18 − 9 = 9	9 + 8 = 17
4 + 5 = 9	3 + 9 = 12	9 + 1 = 10	7 + 2 = 9	8 − 4 = 4	10 − 2 = 8	16 − 8 = 8	10 − 1 = 9	1 + 6 = 7
4 + 1 = 5	8 − 3 = 5	3 + 2 = 5	3 + 5 = 8	14 − 8 = 6	2 + 4 = 6	7 − 4 = 3	5 + 5 = 10	15 − 9 = 6
5 − 4 = 1	13 − 4 = 9	7 + 1 = 8	3 + 4 = 7	11 − 4 = 7	4 + 6 = 10	8 − 7 = 1	6 + 9 = 15	5 + 3 = 8
6 + 3 = 9	9 − 2 = 7	2 + 8 = 10	10 − 9 = 1	8 + 1 = 9	8 − 6 = 2	8 + 7 = 15	12 − 6 = 6	11 − 8 = 3
9 − 7 = 2	9 − 1 = 8	6 − 5 = 1	4 − 3 = 1	7 + 7 = 14	10 − 6 = 4	15 − 8 = 7	6 + 8 = 14	3 + 8 = 11
12 − 8 = 4	16 − 9 = 7	9 + 6 = 15	9 + 5 = 14	9 + 3 = 12	5 + 8 = 13	12 − 7 = 5	15 − 7 = 8	11 − 7 = 4

86

3 + 6 = 9	14 − 8 = 6	12 − 4 = 8	11 − 2 = 9	13 − 6 = 7	8 − 4 = 4	7 + 2 = 9	3 + 2 = 5	7 − 3 = 4
6 + 2 = 8	14 − 9 = 5	10 − 9 = 1	11 − 8 = 3	11 − 6 = 5	4 − 3 = 1	15 − 9 = 6	11 − 5 = 6	7 − 4 = 3
12 − 5 = 7	6 + 1 = 7	7 + 5 = 12	5 − 4 = 1	3 + 7 = 10	2 + 7 = 9	10 − 1 = 9	6 + 6 = 12	12 − 8 = 4
13 − 5 = 8	6 − 5 = 1	9 − 8 = 1	3 − 2 = 1	18 − 9 = 9	1 + 9 = 10	4 + 7 = 11	5 + 7 = 12	3 + 3 = 6
9 + 4 = 13	5 − 2 = 3	4 + 6 = 10	4 + 5 = 9	4 + 9 = 13	2 + 5 = 7	11 − 4 = 7	8 − 2 = 6	7 + 3 = 10
9 + 1 = 10	10 − 5 = 5	3 + 1 = 4	5 + 5 = 10	15 − 8 = 7	17 − 8 = 9	6 − 3 = 3	8 + 4 = 12	2 + 3 = 5
9 − 4 = 5	7 − 6 = 1	14 − 5 = 9	3 + 5 = 8	16 − 7 = 9	13 − 9 = 4	2 + 6 = 8	7 + 9 = 16	8 − 5 = 3
5 + 4 = 9	1 + 6 = 7	3 + 4 = 7	4 + 2 = 6	3 + 9 = 12	1 + 8 = 9	11 − 7 = 4	4 + 8 = 12	6 + 3 = 9
12 − 6 = 6	1 + 3 = 4	14 − 7 = 7	6 + 7 = 13	5 + 2 = 7	15 − 7 = 8	8 + 5 = 13	2 + 8 = 10	6 + 9 = 15

87

4−3=1 | 11−5=6 | 3+7=10 | 7+3=10 | 6+1=7 | 7+4=11 | 8−3=5 | 7+8=15 | 1+3=4
6+4=10 | 3−2=1 | 18−9=9 | 7−5=2 | 5+4=9 | 13−8=5 | 2+7=9 | 8−6=2 | 5+3=8
17−9=8 | 6+6=12 | 14−9=5 | 5+7=12 | 2+8=10 | 16−7=9 | 8+7=15 | 7+7=14 | 14−5=9
5+2=7 | 3+5=8 | 4−2=2 | 11−9=2 | 3+3=6 | 6−4=2 | 15−7=8 | 1+4=5 | 9−4=5
16−9=7 | 9−3=6 | 3+1=4 | 8+1=9 | 7−4=3 | 9+6=15 | 1+6=7 | 4+2=6 | 9−0=9
10−4=6 | 14−8=6 | 13−6=7 | 6+9=15 | 16−8=8 | 3+2=5 | 7+5=12 | 12−8=4 | 5+8=13
5−3=2 | 2+1=3 | 15−8=7 | 4+8=12 | 9+2=11 | 4+7=11 | 9+5=14 | 8+3=11 | 7+2=9
14−7=7 | 12−5=7 | 12−7=5 | 4+4=8 | 12−4=8 | 12−6=6 | 9−5=4 | 5+5=10 | 5−4=1
13−4=9 | 6−3=3 | 17−8=9 | 6−2=4 | 8+4=12 | 14−6=8 | 2+3=5 | 1+8=9 | 6+7=13

88

17−9=8 | 11−5=6 | 7+3=10 | 9+4=13 | 11−7=4 | 2+5=7 | 10−5=5 | 9−6=3 | 8+4=12
9−5=4 | 12−8=4 | 3+6=9 | 10−4=6 | 16−8=8 | 6+7=13 | 4+2=6 | 6+9=15 | 2+7=9
13−8=5 | 8+1=9 | 14−5=9 | 2+8=10 | 16−7=9 | 1+4=5 | 10−1=9 | 8−5=3 | 3−2=1
14−8=6 | 14−7=7 | 3+2=5 | 5−3=2 | 17−8=9 | 6−3=3 | 5+5=10 | 4+7=11 | 6+2=8
15−8=7 | 7+2=9 | 2+9=11 | 9+9=18 | 15−9=6 | 1+2=3 | 10−8=2 | 13−6=7 | 14−6=8
4+5=9 | 2+2=4 | 12−4=8 | 9+5=14 | 9+7=16 | 8+6=14 | 10−3=7 | 4+9=13 | 15−7=8
3+7=10 | 9+6=15 | 6−5=1 | 13−5=8 | 8−7=1 | 18−9=9 | 13−7=6 | 10−6=4 | 7−2=5
3+8=11 | 5−4=1 | 15−6=9 | 2+3=5 | 8+2=10 | 7+7=14 | 6+8=14 | 1+3=4 | 3+3=6
1+7=8 | 7−3=4 | 2+4=6 | 8+3=11 | 4+4=8 | 11−8=3 | 6−4=2 | 3+4=7 | 6+3=9

89

16−8=8 | 14−5=9 | 6−3=3 | 17−9=8 | 17−8=9 | 3+4=7 | 13−4=9 | 6−2=4 | 14−6=8
6+6=12 | 9−4=5 | 8+2=10 | 12−8=4 | 5+2=7 | 6+7=13 | 3+1=4 | 10−5=5 | 2+3=5
13−5=8 | 8+3=11 | 13−9=4 | 3−2=1 | 2+4=6 | 6+8=14 | 2+8=10 | 1+7=8 | 6−4=2
6−5=1 | 18−9=9 | 11−4=7 | 5−4=1 | 16−9=7 | 4+4=8 | 4+2=6 | 11−7=4 | 1+5=6
9+9=18 | 5−2=3 | 9−7=2 | 2+7=9 | 7−4=3 | 13−7=6 | 8−7=1 | 4+9=13 | 6+5=11
7+2=9 | 4+6=10 | 4−2=2 | 7−5=2 | 15−7=8 | 8−3=5 | 12−5=7 | 1+3=4 | 8+7=15
5+4=9 | 13−6=7 | 4+8=12 | 10−7=3 | 3+5=8 | 7+6=13 | 14−7=7 | 7+7=14 | 8−4=4
9−5=4 | 10−6=4 | 2+2=4 | 2+9=11 | 6+4=10 | 5+3=8 | 10−2=8 | 8+6=14 | 10−4=6
5+1=6 | 5+7=12 | 4+5=9 | 14−8=6 | 7+3=10 | 5+9=14 | 4+7=11 | 8+1=9 | 7+8=15

90

4+7=11 | 1+4=5 | 3−2=1 | 17−9=8 | 6−3=3 | 7−3=4 | 17−8=9 | 11−8=3 | 13−5=8
4+1=5 | 3+4=7 | 6+7=13 | 15−6=9 | 12−7=5 | 14−6=8 | 12−6=6 | 8+5=13 | 18−9=9
2+2=4 | 5+6=11 | 16−9=7 | 2+7=9 | 16−8=8 | 13−6=7 | 14−7=7 | 9+7=16 | 8+7=15
14−8=6 | 7+2=9 | 4+4=8 | 6+9=15 | 8+2=10 | 10−6=4 | 5−3=2 | 5+9=14 | 1+6=7
2+6=8 | 11−3=8 | 13−8=5 | 8+6=14 | 2+8=10 | 2+1=3 | 7−6=1 | 5+3=8 | 4+6=10
8+3=11 | 2+5=7 | 4+8=12 | 6−5=1 | 7+1=8 | 15−7=8 | 3+8=11 | 2+3=5 | 6+2=8
3+5=8 | 10−7=3 | 7−4=3 | 9−2=7 | 13−4=9 | 6+6=12 | 5+4=9 | 6+4=10 | 7+7=14
8−7=1 | 14−9=5 | 7+9=16 | 11−2=9 | 12−5=7 | 5−4=1 | 9−7=2 | 5+2=7 | 8−5=3
11−5=6 | 6+8=14 | 4+9=13 | 4−3=1 | 10−3=7 | 8+4=12 | 8+8=16 | 7−5=2 | 10−4=6

91

8−6=2	5+5=10	18−9=9	6−4=2	8−3=5	2+5=7	9−6=3	14−8=6	8−4=4
3+3=6	3+2=5	7+3=10	4−3=1	5+2=7	2+2=4	4+4=8	7−2=5	2+6=8
3+5=8	2+9=11	3+9=12	11−7=4	6+3=9	5−2=3	3+6=9	6−3=3	15−8=7
7−6=1	6+6=12	7+5=12	13−7=6	12−6=6	12−9=3	13−5=8	11−4=7	4−2=2
11−3=8	6+7=13	17−8=9	7+6=13	2+4=6	12−4=8	2+8=10	9−4=5	5+4=9
9−0=9	16−9=7	9−7=2	13−4=9	9+2=11	9+1=10	7+1=8	6+9=15	4+6=10
9−2=7	9−1=8	10−8=2	5−4=1	5+6=11	10−1=9	8+4=12	7+8=15	3−2=1
8+7=15	5+7=12	13−6=7	4+1=5	3+7=10	4+2=6	1+2=3	8+5=13	4+5=9
6+1=7	8−7=1	9−3=6	5+1=6	10−3=7	7+2=9	8+3=11	12−5=7	9−5=4

92

5+4=9	7−3=4	7+2=9	8−5=3	17−8=9	8−7=1	4+2=6	6+7=13	3+2=5
16−7=9	4+8=12	11−3=8	15−6=9	9+9=18	8+8=16	15−7=8	7+4=11	3−2=1
3+4=7	5+8=13	4+6=10	7+3=10	6−4=2	14−6=8	5−4=1	8+3=11	9−6=3
13−6=7	4+1=5	13−4=9	2+4=6	13−7=6	13−8=5	2+3=5	5−2=3	12−4=8
11−9=2	12−6=6	6−3=3	17−9=8	9−2=7	10−2=8	1+2=3	15−9=6	6+8=14
8−6=2	11−5=6	1+7=8	7+1=8	8+7=15	8+4=12	6+2=8	7+9=16	3+5=8
7+8=15	12−7=5	7+6=13	16−8=8	4−3=1	9−7=2	7+7=14	13−9=4	1+3=4
7−5=2	8−2=6	2+7=9	18−9=9	4+4=8	6+1=7	1+5=6	5−3=2	2+6=8
9+2=11	11−7=4	1+6=7	9+5=14	2+9=11	16−9=7	6−5=1	8+5=13	8+6=14

93

6−4=2	2+3=5	8+4=12	15−8=7	11−3=8	14−6=8	14−7=7	5+3=8	14−8=6
5−3=2	7+6=13	3+1=4	9+1=10	7−6=1	13−8=5	16−7=9	16−8=8	12−7=5
7−4=3	9+3=12	3+9=12	1+8=9	8−4=4	12−5=7	2+6=8	4+3=7	4−3=1
12−6=6	12−4=8	7−5=2	3+4=7	2+1=3	11−7=4	10−6=4	2+2=4	17−8=9
16−9=7	5+8=13	3+2=5	5+4=9	2+4=6	11−6=5	9−6=3	6+6=12	7+2=9
15−6=9	5+7=12	4+2=6	8+8=16	15−7=8	7+7=14	5−4=1	8−6=2	5+5=10
10−2=8	11−5=6	1+1=2	9−0=9	2+9=11	6+9=15	7+8=15	3+5=8	5+9=14
9+7=16	5+2=7	4−2=2	3−2=1	7+5=12	9+4=13	6−2=4	13−9=4	5+1=6
8−3=5	7+4=11	3+6=9	4+6=10	12−9=3	8+3=11	9−8=1	17−9=8	7+3=10

94

6+8=14	1+3=4	15−7=8	5+1=6	7+9=16	11−3=8	14−6=8	16−9=7	12−7=5
1+5=6	15−6=9	9−4=5	17−8=9	6+5=11	2+9=11	13−8=5	4+9=13	4−3=1
3+5=8	9+5=14	7+5=12	8+4=12	8+8=16	13−7=6	11−7=4	8−5=3	10−1=9
5+3=8	8−7=1	9−2=7	8+1=9	6+1=7	2+5=7	8+6=14	9−3=6	6+4=10
9+7=16	15−8=7	3−2=1	2+7=9	8+3=11	18−9=9	11−6=5	4+3=7	16−8=8
12−5=7	6+9=15	13−4=9	12−8=4	7+3=10	9−8=1	4+1=5	5−4=1	1+6=7
4+6=10	11−9=2	2+1=3	9−1=8	9+6=15	4+5=9	7−4=3	2+6=8	7+6=13
5+9=14	4+2=6	5+6=11	8−4=4	17−9=8	5−3=2	7+8=15	13−6=7	7−3=4
3+4=7	15−9=6	13−5=8	5−2=3	14−7=7	3+3=6	10−4=6	5+2=7	3+9=12

95

11 − 9 = 2	8 − 5 = 3	5 + 9 = 14	2 + 5 = 7	7 + 1 = 8	8 + 3 = 11	4 − 2 = 2	10 − 9 = 1	4 − 3 = 1
13 − 9 = 4	1 + 2 = 3	15 − 8 = 7	7 − 5 = 2	13 − 4 = 9	3 + 4 = 7	2 + 3 = 5	4 + 6 = 10	9 − 3 = 6
5 + 8 = 13	9 + 3 = 12	14 − 7 = 7	4 + 4 = 8	6 − 5 = 1	2 + 4 = 6	8 + 8 = 16	8 + 7 = 15	2 + 9 = 11
9 − 6 = 3	9 + 6 = 15	11 − 6 = 5	16 − 7 = 9	6 + 4 = 10	4 + 7 = 11	9 − 0 = 9	6 + 5 = 11	8 + 4 = 12
7 − 6 = 1	5 + 2 = 7	9 + 8 = 17	8 + 5 = 13	9 + 9 = 18	8 − 6 = 2	15 − 7 = 8	9 − 1 = 8	2 + 2 = 4
4 + 5 = 9	8 + 6 = 14	16 − 8 = 8	5 + 7 = 12	17 − 8 = 9	10 − 6 = 4	6 + 8 = 14	5 − 3 = 2	8 − 4 = 4
1 + 4 = 5	10 − 5 = 5	8 − 3 = 5	3 + 1 = 4	7 + 2 = 9	15 − 6 = 9	3 − 2 = 1	1 + 7 = 8	10 − 1 = 9
10 − 3 = 7	18 − 9 = 9	5 + 4 = 9	13 − 7 = 6	3 + 6 = 9	9 + 5 = 14	6 + 3 = 9	14 − 8 = 6	11 − 8 = 3
4 + 3 = 7	8 − 2 = 6	17 − 9 = 8	12 − 7 = 5	6 − 4 = 2	3 + 2 = 5	6 + 9 = 15	13 − 5 = 8	5 + 5 = 10

96

10 − 5 = 5	6 + 8 = 14	11 − 8 = 3	10 − 3 = 7	4 + 8 = 12	9 − 8 = 1	9 + 2 = 11	2 + 2 = 4	4 − 3 = 1
4 + 4 = 8	4 + 9 = 13	7 − 3 = 4	7 + 1 = 8	6 + 6 = 12	3 + 8 = 11	6 − 4 = 2	11 − 4 = 7	5 + 1 = 6
13 − 6 = 7	4 + 6 = 10	16 − 8 = 8	11 − 6 = 5	5 + 2 = 7	9 + 3 = 12	6 + 5 = 11	5 − 4 = 1	12 − 5 = 7
1 + 4 = 5	10 − 2 = 8	5 − 3 = 2	7 + 5 = 12	12 − 4 = 8	9 + 8 = 17	4 + 2 = 6	15 − 9 = 6	15 − 6 = 9
5 + 6 = 11	9 − 3 = 6	5 − 2 = 3	8 + 6 = 14	3 + 3 = 6	3 + 5 = 8	18 − 9 = 9	16 − 9 = 7	8 − 6 = 2
12 − 8 = 4	3 + 9 = 12	16 − 7 = 9	3 − 2 = 1	8 − 2 = 6	7 − 4 = 3	14 − 7 = 7	8 + 3 = 11	9 − 5 = 4
7 − 5 = 2	6 − 3 = 3	9 + 6 = 15	5 + 7 = 12	4 + 3 = 7	7 + 8 = 15	8 + 4 = 12	6 + 7 = 13	6 − 5 = 1
7 + 2 = 9	8 + 9 = 17	8 + 2 = 10	11 − 3 = 8	2 + 5 = 7	1 + 6 = 7	10 − 6 = 4	9 + 9 = 18	3 + 2 = 5
13 − 7 = 6	10 − 7 = 3	3 + 6 = 9	17 − 9 = 8	17 − 8 = 9	8 + 7 = 15	9 + 7 = 16	11 − 2 = 9	2 + 9 = 11

97

17 − 8 = 9	7 + 5 = 12	8 − 6 = 2	6 + 6 = 12	5 − 3 = 2	2 + 4 = 6	6 + 5 = 11	6 + 3 = 9	6 − 5 = 1
4 + 9 = 13	10 − 3 = 7	16 − 8 = 8	10 − 4 = 6	14 − 7 = 7	5 + 2 = 7	12 − 9 = 3	2 + 6 = 8	14 − 9 = 5
12 − 6 = 6	14 − 8 = 6	14 − 6 = 8	4 + 8 = 12	6 + 7 = 13	5 + 5 = 10	1 + 2 = 3	3 + 1 = 4	16 − 7 = 9
9 − 8 = 1	13 − 6 = 7	18 − 9 = 9	5 + 1 = 6	5 + 6 = 11	4 − 2 = 2	3 + 6 = 9	7 + 3 = 10	4 + 4 = 8
15 − 8 = 7	8 + 3 = 11	7 − 4 = 3	4 + 5 = 9	2 + 7 = 9	4 − 3 = 1	2 + 9 = 11	12 − 5 = 7	2 + 3 = 5
10 − 6 = 4	14 − 5 = 9	7 − 2 = 5	8 − 5 = 3	12 − 4 = 8	6 + 9 = 15	9 + 7 = 16	5 + 8 = 13	8 + 8 = 16
8 − 3 = 5	15 − 7 = 8	8 + 5 = 13	12 − 8 = 4	9 + 2 = 11	8 + 9 = 17	3 + 8 = 11	1 + 6 = 7	12 − 3 = 9
7 + 6 = 13	5 + 7 = 12	6 + 1 = 7	11 − 7 = 4	7 − 3 = 4	5 − 4 = 1	11 − 3 = 8	1 + 7 = 8	7 − 5 = 2
3 + 4 = 7	2 + 5 = 7	11 − 4 = 7	9 + 1 = 10	6 − 3 = 3	13 − 7 = 6	4 + 7 = 11	7 + 2 = 9	11 − 2 = 9

98

16 − 9 = 7	11 − 6 = 5	7 − 6 = 1	11 − 7 = 4	6 + 8 = 14	7 + 8 = 15	15 − 8 = 7	7 − 4 = 3	3 + 4 = 7
6 + 5 = 11	2 + 4 = 6	12 − 6 = 6	16 − 8 = 8	14 − 8 = 6	12 − 5 = 7	14 − 7 = 7	9 − 7 = 2	8 + 4 = 12
6 + 9 = 15	7 + 3 = 10	10 − 2 = 8	3 + 8 = 11	3 + 5 = 8	8 + 9 = 17	8 − 5 = 3	1 + 4 = 5	5 − 4 = 1
5 + 3 = 8	8 − 3 = 5	10 − 7 = 3	4 + 1 = 5	1 + 9 = 10	11 − 8 = 3	17 − 8 = 9	6 + 7 = 13	5 + 8 = 13
4 + 2 = 6	6 + 2 = 8	5 + 2 = 7	9 + 4 = 13	5 − 2 = 3	7 + 6 = 13	2 + 9 = 11	9 − 5 = 4	10 − 4 = 6
4 + 8 = 12	4 + 4 = 8	3 − 2 = 1	9 − 8 = 1	4 + 3 = 7	4 − 2 = 2	4 − 3 = 1	7 − 3 = 4	8 − 7 = 1
6 − 2 = 4	18 − 9 = 9	1 + 7 = 8	7 − 2 = 5	8 + 5 = 13	14 − 5 = 9	2 + 2 = 4	12 − 8 = 4	8 + 2 = 10
3 + 2 = 5	1 + 6 = 7	5 + 9 = 14	13 − 6 = 7	6 + 3 = 9	8 + 6 = 14	4 + 7 = 11	9 − 6 = 3	15 − 7 = 8
6 − 5 = 1	8 − 4 = 4	2 + 3 = 5	17 − 9 = 8	6 + 6 = 12	4 + 6 = 10	11 − 5 = 6	9 + 3 = 12	7 + 4 = 11

99

9 + 4 = 13	16 − 8 = 8	6 + 7 = 13	8 + 5 = 13	6 − 3 = 3	13 − 6 = 7	2 + 6 = 8	5 − 4 = 1	6 − 5 = 1
8 + 2 = 10	7 − 6 = 1	9 − 4 = 5	8 − 7 = 1	4 − 2 = 2	3 − 2 = 1	5 + 7 = 12	3 + 8 = 11	11 − 8 = 3
16 − 9 = 7	17 − 9 = 8	7 + 9 = 16	17 − 8 = 9	11 − 5 = 6	10 − 7 = 3	7 + 4 = 11	2 + 8 = 10	2 + 4 = 6
4 + 3 = 7	13 − 8 = 5	18 − 9 = 9	7 + 7 = 14	6 + 6 = 12	6 − 4 = 2	8 − 3 = 5	7 + 6 = 13	7 + 3 = 10
3 + 3 = 6	8 + 1 = 9	3 + 4 = 7	9 + 1 = 10	5 + 3 = 8	2 + 2 = 4	5 − 3 = 2	15 − 7 = 8	10 − 2 = 8
6 + 5 = 11	12 − 6 = 6	6 + 9 = 15	1 + 6 = 7	1 + 3 = 4	9 − 0 = 9	6 + 8 = 14	11 − 4 = 7	12 − 7 = 5
5 − 2 = 3	6 + 4 = 10	14 − 9 = 5	4 − 3 = 1	5 + 4 = 9	1 + 4 = 5	3 + 2 = 5	12 − 9 = 3	7 − 5 = 2
14 − 6 = 8	7 − 2 = 5	2 + 5 = 7	4 + 5 = 9	9 + 8 = 17	2 + 7 = 9	3 + 6 = 9	13 − 4 = 9	9 + 6 = 15
14 − 8 = 6	3 + 7 = 10	15 − 8 = 7	4 + 9 = 13	8 − 5 = 3	15 − 6 = 9	6 + 3 = 9	12 − 8 = 4	8 + 7 = 15

100

3 + 5 = 8	9 + 5 = 14	4 − 2 = 2	5 + 3 = 8	8 + 3 = 11	9 + 6 = 15	8 + 2 = 10	8 + 6 = 14	5 + 1 = 6
9 − 8 = 1	12 − 8 = 4	16 − 7 = 9	6 − 4 = 2	8 + 8 = 16	6 + 6 = 12	9 − 4 = 5	6 + 1 = 7	9 + 8 = 17
18 − 9 = 9	5 − 3 = 2	5 + 2 = 7	7 − 4 = 3	12 − 6 = 6	14 − 6 = 8	17 − 9 = 8	6 − 3 = 3	1 + 6 = 7
2 + 1 = 3	8 + 5 = 13	3 − 2 = 1	7 + 7 = 14	10 − 3 = 7	11 − 9 = 2	3 + 2 = 5	11 − 7 = 4	10 − 2 = 8
4 + 5 = 9	15 − 7 = 8	1 + 1 = 2	15 − 9 = 6	9 − 7 = 2	13 − 4 = 9	7 − 2 = 5	10 − 7 = 3	4 + 3 = 7
12 − 5 = 7	13 − 7 = 6	7 + 6 = 13	2 + 2 = 4	7 + 4 = 11	4 + 1 = 5	12 − 9 = 3	17 − 8 = 9	1 + 4 = 5
14 − 5 = 9	3 + 4 = 7	6 + 8 = 14	5 + 8 = 13	13 − 5 = 8	6 − 5 = 1	11 − 3 = 8	8 + 7 = 15	11 − 5 = 6
6 + 7 = 13	2 + 8 = 10	16 − 8 = 8	13 − 6 = 7	1 + 8 = 9	2 + 3 = 5	5 − 4 = 1	1 + 2 = 3	15 − 8 = 7
3 + 7 = 10	4 + 4 = 8	7 + 8 = 15	4 + 7 = 11	3 + 8 = 11	11 − 4 = 7	11 − 6 = 5	6 + 3 = 9	4 − 3 = 1

101

16 − 7 = 9	1 + 4 = 5	5 + 6 = 11	8 + 9 = 17	8 + 5 = 13	6 + 1 = 7	3 + 3 = 6	6 + 7 = 13	5 − 3 = 2
8 + 4 = 12	7 + 6 = 13	8 + 6 = 14	9 + 8 = 17	6 − 4 = 2	8 − 7 = 1	13 − 5 = 8	9 + 6 = 15	12 − 4 = 8
17 − 8 = 9	6 + 8 = 14	4 + 5 = 9	16 − 8 = 8	7 + 3 = 10	7 − 6 = 1	9 − 7 = 2	12 − 6 = 6	8 + 5 = 13
14 − 5 = 9	6 + 2 = 8	11 − 6 = 5	15 − 7 = 8	10 − 7 = 3	9 + 3 = 12	4 − 3 = 1	4 − 2 = 2	17 − 9 = 8
4 + 3 = 7	12 − 5 = 7	14 − 7 = 7	8 + 7 = 15	3 − 2 = 1	5 + 3 = 8	10 − 5 = 5	4 + 9 = 13	12 − 7 = 5
7 + 1 = 8	8 − 6 = 2	10 − 6 = 4	4 + 7 = 11	9 − 4 = 5	10 − 1 = 9	8 − 2 = 6	11 − 2 = 9	13 − 6 = 7
7 + 4 = 11	9 − 6 = 3	11 − 8 = 3	4 + 6 = 10	6 + 3 = 9	6 − 3 = 3	3 + 6 = 9	5 + 2 = 7	11 − 5 = 6
2 + 8 = 10	9 − 8 = 1	4 + 4 = 8	7 + 8 = 15	3 + 5 = 8	3 + 7 = 10	2 + 4 = 6	3 + 2 = 5	15 − 8 = 7
1 + 8 = 9	5 + 5 = 10	2 + 9 = 11	10 − 3 = 7	7 − 3 = 4	7 + 7 = 14	6 + 6 = 12	6 − 5 = 1	18 − 9 = 9

102

4 + 6 = 10	6 − 5 = 1	11 − 4 = 7	3 + 6 = 9	7 + 5 = 12	6 + 8 = 14	10 − 5 = 5	8 + 7 = 15	10 − 2 = 8
7 + 7 = 14	5 + 7 = 12	4 + 4 = 8	5 − 3 = 2	12 − 4 = 8	17 − 9 = 8	4 + 1 = 5	9 − 3 = 6	12 − 7 = 5
18 − 9 = 9	6 − 3 = 3	4 + 8 = 12	7 − 5 = 2	1 + 7 = 8	14 − 8 = 6	4 + 9 = 13	3 + 7 = 10	17 − 8 = 9
10 − 1 = 9	8 + 8 = 16	8 + 2 = 10	11 − 2 = 9	11 − 7 = 4	10 − 3 = 7	9 + 6 = 15	9 + 8 = 17	3 + 2 = 5
8 + 4 = 12	5 + 5 = 10	5 + 6 = 11	8 − 3 = 5	11 − 8 = 3	3 + 3 = 6	3 + 1 = 4	13 − 6 = 7	11 − 3 = 8
14 − 9 = 5	7 − 4 = 3	7 + 8 = 15	7 + 3 = 10	15 − 6 = 9	8 + 5 = 13	5 + 2 = 7	2 + 6 = 8	1 + 8 = 9
7 − 2 = 5	8 + 1 = 9	5 − 2 = 3	9 + 4 = 13	4 − 3 = 1	4 + 5 = 9	15 − 8 = 7	6 + 6 = 12	4 + 3 = 7
9 − 4 = 5	7 + 4 = 11	3 + 5 = 8	6 + 7 = 13	16 − 8 = 8	8 − 6 = 2	14 − 5 = 9	10 − 4 = 6	7 − 3 = 4

Made in the USA
Las Vegas, NV
12 January 2021